物体检索与定位

WUTI JIANSUO YU DINGWEI

姜文晖◎著

中国铁道出版社有限公司
CHINA RAILWAY PUBLISHING HOUSE CO., LTD.

内 容 简 介

物体检索与定位是计算机视觉技术最核心的技术之一。本书主要阐述了物体检索与定位中的关键问题和相关技术,包括大数据时代的目标检索及应用、视觉词组的贝叶斯池化模型、位置对齐的深度示例检索模型、多示例在线学习模型、基于显著性的深度特征表示、人工智能时代的信息检索技术展望。

本书内容新颖、条理清晰,适合作为计算机与人工智能相关行业从业人员的专业技术类参考用书。

图书在版编目(CIP)数据

物体检索与定位/姜文晖著.—北京:中国铁道出版社有限公司,2021.12

ISBN 978-7-113-28655-2

Ⅰ.①物… Ⅱ.①姜… Ⅲ.①数据检索-研究 Ⅳ.①G254.926

中国版本图书馆CIP数据核字(2021)第268557号

书　　名:物体检索与定位

作　　者:姜文晖

策　　划:曹莉群　　**编辑部电话:**(010)63549501

责任编辑:贾　星　包　宁　许　璐

封面设计:刘　颖

责任校对:焦桂荣

责任印制:樊启鹏

出版发行:中国铁道出版社有限公司(100054,北京市西城区右安门西街8号)

网　　址:http://www.tdpress.com/51eds/

印　　刷:北京富资园科技发展有限公司

版　　次:2021年12月第1版　2021年12月第1次印刷

开　　本:710 mm×1 000 mm　1/16　**印张:**6.75　**字数:**131千

书　　号:ISBN 978-7-113-28655-2

定　　价:45.00元

前 言

随着移动互联网和物联网的发展,海量数据正在发生爆发式增长,从大规模数据中检索与定位最重要的目标信息具有广泛且重要的应用价值,因而受到学术界和工业界的大量关注。物体检索与定位,是指给定查询目标在某种模态下的信息,在大规模图像视频数据中集中定位该目标的技术。物体检索与定位是计算机视觉技术最核心的课题之一。然而,由于光照、视角、遮挡等外部因素和物体本身的形变、类别多样性等内部因素的共同影响,图像在不同层次上存在复杂的表象变化。除此之外,示例、图像和标签之间的层次关联繁杂多样,这些都给物体检索与定位带来了很大的困难。

本书从实际应用的角度出发,针对示例检索、标签检索和物体定位三个相关问题进行深入研究。以视觉词袋模型和深度卷积网络模型为基础,从模型表示、模型学习和关联匹配几个方面进行扩展和完善。

(1)针对基于视觉词组的示例检索模型进行了研究。首先,优化了视觉词组的定义方式,提高了视觉词组的区分性。其次,分析了一类容易被忽视的现象,即视觉词组的突爆匹配。最后,基于概率模型,提出了一种新颖的贝叶斯池化模型用于消除突爆匹配,从而优化了图像之间的相似性度量,提高了示例检索的准确性。

(2)针对基于深度卷积网络的示例检索模型进行了研究。针对示例检索的查询敏感的空间位置关联性问题,提出了一种空间位置对齐的模型框架。更进一步,提出了一种基于排序的深度卷积网络,用于建模物体的类内和类间差异性。为了训练这个网络,设计了一种半监督的训练样本收集策略。该策略不需要任何对查询物体的先验知识,并且极大地减少了人工收集训练样本所需的成本。实验结果表明,这一方法显著地提高了深度模型下示例检索的准确性。

(3)针对前背景的模糊性,从特征学习的角度,介绍了一种多示例在线学习模型解决弱监督条件下的图像标注和物体定位问题。首先,在现有的多示例学习模型的基础上,改进了训练样本的选择和更新策略。改进后的策略能够收集准确多样的正样本以及有区分性的负样本,从而提高前背景的区分性。其次,设计了一个端到端的模型,同时进行训练样本的选择和物体检测器的训练。最后,通过对示例标注和图像标注进行关联,从而通过一个模型联合学习图像标注和物体检测算法。实验结果表明,这一模型有效地提高了图像标注和物体定位的性能。

(4)从特征表示的角度对标签检索和物体定位问题进行了研究。具体地,本书介绍了一种基于显著性的深度特征模型,改善基于矩形框的物体特征表示。显著性模型使得矩形框内背景区域的特征响应被抑制,而前景中重要的视觉区域的特征激活得到增强。这样的特征表示模型使得前景区域和背景区域的类内差异变小,类间差异变大,从而减少了前背景的模糊性。这一显著性特征模型可以与当前最好的弱监督物体检测模型融合,从而进行端到端的联合训练。这一方法的可靠性在多个数据集上得到了验证。

图 1 展示了本书各章之间的关系。具体结构安排如下:

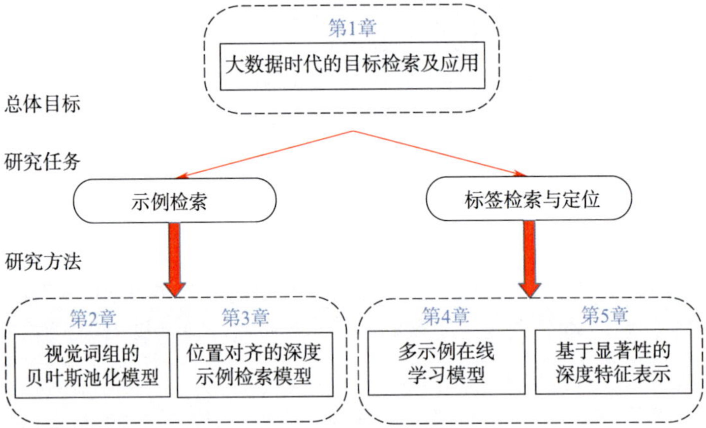

图 1　全书结构示意图

第 1 章介绍了物体检索与定位的研究意义、关键技术、相关工作进展,并介绍全书的创新点和组织结构。

第 2 章和第 3 章针对示例检索任务提出了两种解决方案。其中第 2 章对基于局部特征的检索模型展开研究,介绍了一种基于视觉词组的贝叶斯池化的图像检索模型;第 3 章提出了一种位置对齐的深度示例检索模型。

第 4 章和第 5 章针对图像标注和物体定位展开研究。其中第 4 章从特征学习的角度提出了一种多示例在线学习模型;第 5 章则从特征表示的角度提出了一种特征模型。

第 6 章对全书进行总结,并对今后的研究工作进行展望。

由于著者的学术水平和研究深度所限,书中纰漏和不妥之处在所难免,欢迎广大读者批评指正。

姜文晖
2021 年 9 月

目 录

第 1 章 大数据时代的目标检索及应用

第 2 章 视觉词组的贝叶斯池化模型

第 4 章　多示例在线学习模型

第 5 章　基于显著性的深度特征表示

第 1 章 大数据时代的目标检索及应用

1.1 大数据时代的大搜索趋势

随着行业信息化建设、移动互联网和物联网的深度普及，以及集成电路和高精度传感器的快速发展，信息的存储与传播方式正在发生巨大转变。其中，包括图像视频在内的可视媒体因具有表现力强、信息量大、生动具体等特点，目前已经成为用户获取信息、传播信息和消费信息的主要对象，是消耗网络带宽、存储和计算资源的主要数据形式。一方面，公共新闻媒体和社交网络都存储了大量可视媒体。2015 年，某社交网站就已经存储了 2 500 亿张图像；某视频网站同年宣布平均每分钟上传的视频超过 400 h；Instagram 官方显示，2016 年平均每天有 0.8 亿张图片被用户分享。另一方面，随着城市规模不断扩大和建设平安城市的需要，监控摄像机也在全球范围内广泛部署。据统计，目前我国已经部署了约 4 000 万台视频监控摄像机，监控视频数据在持续增长。

海量的多媒体数据在信息交流、智能安防等应用中起到越来越重要的作用，对人们日常生活的方方面面产生着深远的影响。然而，如此庞大和日益增长的数据并非对每个用户都具有同等的价值。从大规模多媒体数据中检索和定位最相关的资源返回给用户，并提供全面、准确的搜索结果的服务具有巨大的市场需求。据统计，百度搜索引擎每天收到的查询请求达 60 多亿次。在这种背景下，设计一套可以智能地分析和理解图像视频内容的计算机系统，使之拥有与人类视觉相当的信息处理能力，从而满足更全面、准确的搜索需求，是未来大数据背景下大搜索系统的重要发展趋势。

物体检索与定位，是指给定某件或某类查询物体的视觉图像或标签信息，从大规模图像视频数据集中快速检索出包含该目标的图片或镜头，并标注目标出现的位置。早期的图像检索系统以元数据为核心[1]，对图像的元数据或用户生成的标签进行匹配，如 Getty AAT 使用数十万专业术语对艺术、建筑和文化方面的多媒体对象进行标注和检索。然而，由于用户认知差异性的存在，标签可能与图像内容存在偏差[2]。另外，人工标注元数据耗时耗力，难以满足大规模实际应用。相比之下，基于图像示例和系统标签的搜索系统在大数据背景下显得更加实用。

一幅图像胜过千言万语，以目标的图像作为查询依据，可提供丰富的视觉细节信息，用于对特定地标、商品、人物进行精准搜索。本书称这一搜索场景为示例检索(instance search)。示例检索的典型应用是特定商品搜索[3]和行人再辨识[4]。与此同时，依靠计算机视觉技术由系统自动生成的图像标签具有准确、规范、全面等特点，可以代替用户手动添加的标签，提供更准确的查询线索。通常系统生成的标签涵盖了抽象、广义的查询信息，可以应用在以关联匹配、知识发现为目的的搜索场景中。本书称这一搜索场景为标签检索(tag-based search)。标签检索的典型应用是图像视频门户网站的索引。这两种搜索情景虽有区别，但在功能上互补。查询的目标类别都覆盖广泛，成为当前图像检索与定位的主要技术途径。

物体检索与定位的关键技术难题在于对图像和视频的内容理解，并建立查询与数据集的视觉目标之间的关联模型。然而，不同于文本和其他类型数据，图像和视频数据因其非结构化的数据格式、复杂庞大的内容和数据来源多样等特点，使得数据本身内容主观模糊、信息隐藏深、差异性大、关系繁杂，这对多媒体搜索技术提出了很大的挑战。

本书主要针对图像数据集，对示例检索和标签检索的几个关键技术进行深入研究。在研究现有国内外最新成果的基础上，提出新的模型以改善图像表示和关联模型的固有缺陷，为多媒体数据的准确查找和智能应用提供更好的技术途径。

1.2 物体搜索：问题与挑战

本书主要研究示例检索和标签检索与定位两类问题。本节将具体介绍这两类问题，并将其中的区别汇总在表 1-1 中。

表 1-1 示例检索和标签检索与定位的对比

特　征	示例检索	标签检索与定位
查询对象	物体	物体
查询模态	图像	标签
查询内容	用户定义	系统定义

续表

特　征	示例检索	标签检索与定位
训练集	无	有
应用场景	精准搜索	关联匹配,知识发现

1.2.1　示例检索

示例检索以物体的一张图片作为查询,在大规模的图像数据集中定位所有包含该物体的图像,按置信度排序后返回给用户。在典型的应用问题中,查询的示例种类多样且均为用户定义,因此没有可靠的训练样本提供准确的查询示例与数据集相关图像的关联。图像示例作为输入提供了较为有效且丰富的信息,歧义性小,因此返回的结果较有针对性且较为精准。基于示例的精准检索与基于内容的图像检索(content-based image retrieval, CBIR)[5]或近似拷贝检测(near duplicate detection)[6]在形式上比较接近,但在功能上有明显区别。如图 1-1 所示,在基于内容的图像检索和近似复制检测中,查询图像与数据集中的相关图像存在全局的视觉相似性。而在示例检索中,查询物体只与图像的部分区域相似。

(a)示例检索

(b)基于内容的图像检索/近似复制检测

图 1-1　示例检索与基于内容的图像检索的区别

值得注意的是,本书研究的示例检索与传统的类别检索[7,8]也有所不同。类别检索的目标是查询与图像属于同一类别的物体;示例检索的目标是查询与图像完全一样的物体。

1.2.2 标签检索与定位

标签检索与定位问题中,查询以一个或多个标签作为输入,在大规模的图像数据集中查找所有包含标签内容的图像,用矩形框标注出对应的物体,并按置信度排序返回给用户。不同于基于示例的搜索场景,系统标签种类多样但类型有限,且每一个被定义的标签都拥有少量训练图像。利用这些图像,系统训练图像标注算法对更大规模的图像集合自动进行结构化标注,从而方便图像的管理与检索。标签检索的核心在于设计图像标注算法。根据训练图像标记内容的丰富性,可以把监督信号分为强和弱两类,如图 1-2 所示。强监督信号是指训练数据集中标注了每一个物体出现的位置。然而,人工标注每个示例费时费力。ILSVRC 数据集的作者们通过统计发现,标注每个示例的位置平均耗时约为 26 s[9,10]。因此,标注的困难使得算法不能方便地扩展到更多的类别中。弱监督信号则是指训练图像中只有图像级的标签表示图中是否存在该类物体,但并未给出物体的数目和出现的准确位置。弱监督假设将对标注的需求大幅弱化,对于将标签检索与定位技术进行大规模应用具有实际价值。因此,本书重点研究弱监督信号下的标签检索与定位。

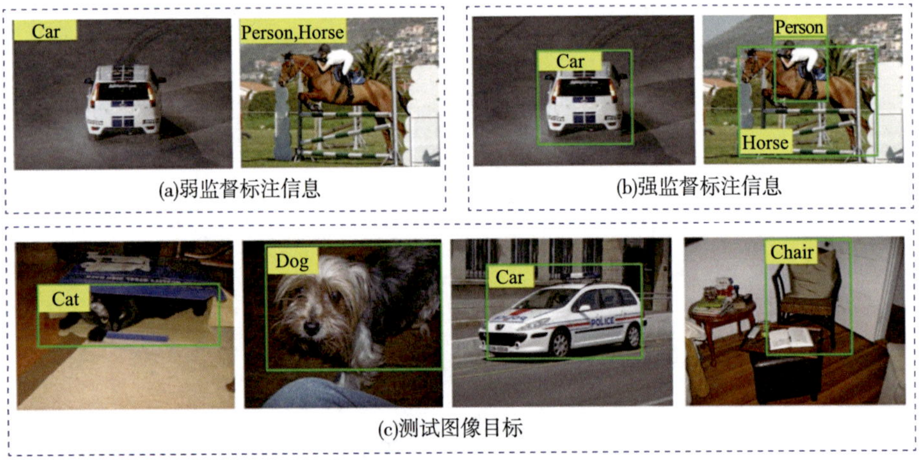

图 1-2　强监督学习与弱监督学习的区别

值得注意的是,本书研究的标签检索与定位和传统的图像标注问题有两方面不同。首先,图像标注问题中,研究重点在于使每幅图像返回的前 K 个标签尽可能准确[11]。而在标签检索问题中,研究重点在于使每个标签对应的前 K 幅图像尽可能准确。其次,图像标注问题中,一个示例可以触发多个标签,例如由人脸可以同时触发表情、性别、肤色等。另外,一些标签可能无法定位,例如场景、节日。而本书研究的标签检索主要针对物体,所研究的标签也是物体的标签,进而针对物体的可定位性和类别的唯一性展开研究。在不引起歧义的条件下,本书中用图像标注指代本书研究的物体标注。

1.2.3　关键技术难题

在有限的数据集中定位目标,对人类而言非常容易,而对计算机而言则非常具有挑战。这是由图像语义提取的复杂性造成的。具体来说,体现在以下两方面:

1. 内容理解与建模

物体的图像在不同层次上存在不同程度的差异性。不同类的物体之间存在类别表象变化,同类别的不同物体之间存在个体表象变化,如图1-3所示。建立图像的特征表示模型以同时反映不用程度的差异性一直是计算机视觉领域的基础性核心问题。

(a)不同类别的物体之间类别表象变化示例

(b)同类别的不同物体之间的个体表象变化示例

图1-3　物体表象变化示例

图像信息具有复杂的语义属性。从人的认知角度来看,对语义的认知既包括简单的底层概念,又有抽象程度较高的高层概念。高层语义概念又包含物体、场景、事件等不同层次和粒度。因此,人的视觉对语义的分析和理解是不同层次、不同粒度语义信息的交互过程。反观计算机视觉的特征模型,往往以边缘、颜色、纹理等底层特征为基本单元,向上构建复杂语义和抽象概念。然而,传统的表示模型存在一些无法回避的缺点,如底层特征和高层语义之间的鸿沟[12]。引起语义鸿沟的主要原因在于底层特征的不稳定性,如同义性和多义性。为了跨越计算机模型下的语义鸿沟,还需要进一步借鉴脑神经科学的研究成果,模仿大脑认知的机理,研究新的视觉信息表示和处理方法,形成与人类视觉信息处理系统类似的具有层级式、渐进抽象能力的模型结构,实现符合人类认知特性的图像数据的表示与理解。近期深度学习技术的提出和广泛研究向真正意义的语义建模迈出了一大步,但是距离全面实现图像内容的多粒度理解还有很大差距。

2. 知识关联与推理

物体检索的另一关键难题在于示例之间的相似性关联和匹配。不同于图像分类与识别,物体检索与定位需要建立示例与图像、示例与标签、图像与标签之间的多层次关联,数据的相互关系十分复杂。这一区别如图 1-4 所示。

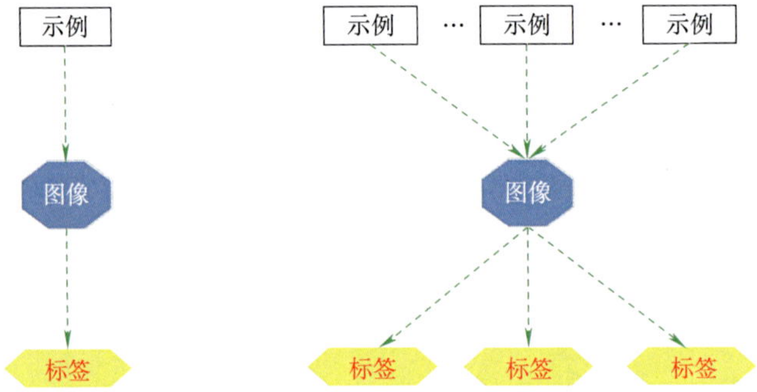

(a)图像分类　　(b)物体检索与定位

图 1-4　图像分类与物体检索定位的模型框架对比

物体检索与定位具有较强的空间敏感性。然而,目标物体在数据集中的有效区域通常较小,而图像的其他区域都是背景。大量的背景噪声会掩埋物体的有效视觉信息。通常把这一现象称为前背景的模糊性。在建立示例与图像的关联时,示例图像的背景通常较少,因此示例与图像产生了非对称的匹配关系。在建立示例与标签的关联时,前背景模糊性会影响对示例的定位,从而造成错误的关联。当建立图像与标签的关联时,前背景的模糊性降低了图像表示的区分性,从而影响图像标注。因此,如何消除前背景的模糊性,建立全面准确的多层次关联十分重要。

1.3　针对物体检索与定位的研究历史与现状

由于物体检索与定位在计算机视觉领域的重要作用,从 20 世纪 90 年代起,每年都有大量优秀的工作成果发表在国际重要的期刊和会议上。计算机视觉领域的著名会议 CVPR(IEEE Conference on Computer Vision and Pattern Recognition)、ICCV

(International Conference on Computer Vision)、ECCV (European Conference on Computer Vision)、MM(ACM Multimedia)等每届都会开展专门的分会讨论该年度重要的研究成果。学术界在这一领域做出突出贡献的研究机构包括斯坦福大学的视觉实验室、加州大学伯克利分校的人工智能研究所、加州理工大学的计算机视觉实验室、卡内基梅隆大学的机器人系、麻省理工学院的计算机科学与人工智能实验室、哥伦比亚大学的数字视频与多媒体实验室、牛津大学的视觉几何研究组,以及国内的香港中文大学、中科院自动化所、中科院计算所、清华大学、北京大学等单位的研究机构。另外,工业界也投入了大量资源研究物体检索与定位,著名的机构包括微软亚洲研究院(MSRA)、Facebook 人工智能实验室(FAIR)、Google 研究院、百度深度学习实验室(IDL)等。计算机视觉中很多里程碑的工作,例如尺度不变特征(SIFT)[13]、梯度直方图特征(HoG)[14]、词袋模型(BoW)[15]、空间金字塔模型(SPM)[16]、形变部件模型(DPM)[17]等都是针对这类问题提出的。为了促进物体检索与定位的研究,近年来出现了较多针对性的学术竞赛。例如,美国国家标准与技术研究所每年都举办的视频搜索竞赛(TrecVID)[18]、国际计算机视觉算法竞赛(PASCAL VOC)[19]、ImageNet 大规模视觉挑战赛(ILSVRC)[20]、微软通用物体与上下文建模挑战赛(MS COCO)[21]等。

下面,本书分别介绍示例检索、图像标注和物体检测的研究历史。

1.3.1　基于示例的检索模型

1. 全局特征表示

示例检索的研究始于 20 世纪 90 年代[22,23]。这期间的搜索引擎通过提取图像的纹理、颜色、形状等特征形成图像的全局特征向量,并基于特征向量建立索引,进行示例检索。例如,Manjunath 等[24]提出的 Gabor 小波特征建模图像的纹理信息;Deng 等[25]通过对颜色聚类形成有区分性的颜色空间,并利用颜色直方图建模图像的颜色信息;Oliva 等[26]提出 GIST 特征建模图像的空间包络。然而,这些全局特征缺少对物体的遮挡、截断、形变等变化的健壮性。对于示例检索,这是致命的弱点。

2. 局部特征表示

自 1999 年起,以尺度不变特征(SIFT)为代表的局部特征模型被提出。这些局部特征能够可重复地从图像的相似区域中提取出来,从而能够克服物体因形变、遮挡造成的视觉变化。相似的图像共享相同的局部特征,于是,通过匹配这些局部特征能够度量图像的相似度。为了快速进行局部特征匹配,Sivic 等提出词袋模型(BoW)。词袋模型构造视觉词典,实现对局部特征的量化(见图 1-5),其中左右两图中白色的圆点代表图像的局部特征点;中图是特征点所处的特征空间,通过视觉词袋模型进行了划分,并通过建立有效的倒排索引,实现图像之间的相似度计算和排序。然而,标准的词袋模型的区分能力比较有限。一方面,人工设计的局部特征的区分能力存在上限。另一方面,视觉词典的量化造成了精度损失。因此,局部特征之间容易产生误匹配。局部特征的这种不稳定性造成了与高层语义之间的鸿沟,降低了示例检索系统的准确性。

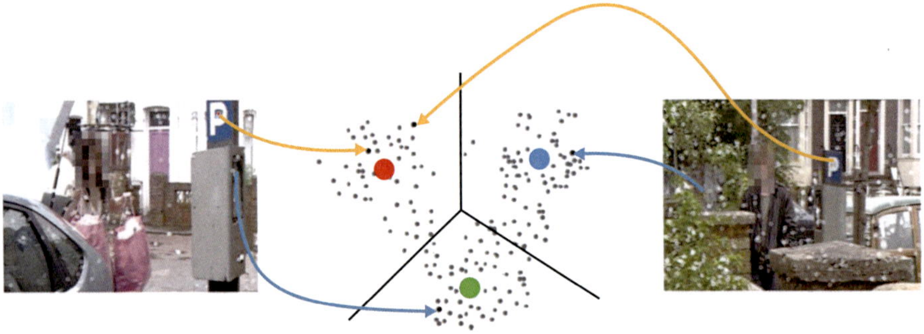

图 1-5　基于词袋模型实现局部特征匹配的示意图

为了解决局部特征的误匹配,学者们从不同角度出发开展工作。第一,一部分工作围绕着提高局部特征的表达能力开展。例如,新的特征点检测方法,包括最大稳定极值区域(MSER)[27]、海森仿射变换(Hessian Affine)[28],以及新的特征描述方法,包括 RootSIFT[29]、颜色 SIFT[30]、加速健壮特征(SURF)[31]等。第二,研究人员通过减少视觉词典的量化误差以消除误匹配。这类方法包括训练大规模的视觉词典[32-36]和具有语义上下文的词典[37]。第三,一些研究者通过对局部特征引入附加编码信息提高量化后的区分性。例如,软量化编码[38]、多视觉词典联合量化[39]、汉明嵌入(HE)[40]、级联量化编码(PQ)[41,42]、三角编码[43]、Fisher Vector 编码[44]、VLAD 编码[45-49]、多特征编码[50-52]等。第四,一些方法通过比较局部特征之间的空间一致性以去除误匹配,如进行随机抽样一致性检验(RANSAC)[53],或通过相邻的图像区域[54]、稳定的图像区域[55]、随机划分的空间区域[56]定义高阶的视觉词组,从而提高特征表示的健壮性。

除了改进局部特征的误匹配,一些工作通过改进相似性度量的策略,提高示例检索的准确率。例如,引入逆文本频率 IDF[57,58]、选择性匹配核函数[59]、自适应相似性度量[60]等。与此同时,基于局部特征的研究还引起了多查询融合[61,62]、查询扩展[63,64]、重排序[65,66]等技术的深入研究,以期提高示例检索的查全率。

3. 深度特征表示

2012 年深度卷积网络[67]兴起后,示例检索也开始了新的研究阶段。深度卷积网络是一种多层神经网络结构。它以图像作为输入信号,通过多层具有不同功能的网络层的前向传播,输出具有高层语义信息的特征向量或与任务关联的判决向量(见图 1-6)。通过目标函数的后向反馈,修正网络参数的权重,从而实现模型的更新和学习。

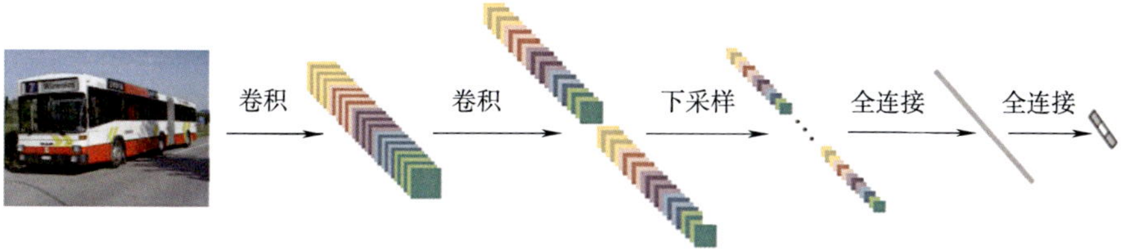

图 1-6　深度卷积网络的模型结构示例

深度学习的发展依靠大规模带标签的训练样本。然而,对于示例检索任务来说,获取相关的训练样本是一个很大的问题。一些工作探索了经典的神经网络模型在 ILSVRC 分类任务上训练后对其他视觉任务的泛化能力[68],并认为这些预训练的模型可以有效地作为特征提取器,代替人工设计的特征模型[69-75]。然而,ILSVRC 分类任务预训练的模型虽然能产生较大的类间区分性,但是缺少类内区分性[76,77]。这一缺陷极大地限制了深度神经网络在示例检索任务上的应用。除此之外,对图像进行深度特征表示难以有效地建立示例与图像之间的非对称匹配关系。目前示例检索常常利用深度特征与局部特征的互补性提高物体检索的性能。例如,Zheng 提取 CNN 预训练模型的特征作为特征点的上下文特征用以提高特征点匹配的健壮性,从而减少局部特征产生的语义鸿沟。Zheng 还提出将 CNN 预训练模型的特征与基于局部特征的图像表示进行检索结果的后融合[78]。然而,在单模型的有效性方面,深度特征模型还达不到局部特征模型产生的效果。

1.3.2　图像标注

1. 图像特征表示

用于图像标注的特征表示模型经历了由人工设计的特征到深度特征的转变。在人工设计特征的工作阶段,研究者们挖掘图像全局的颜色特征(如颜色直方图[79]、颜色矩、颜色共生向量 CCV 矩等)、纹理特征(如空间纹理和谱纹理[80])、形状特征(如边缘方向直方图、轮廓等)用于图像的特征表示。Zhou 和 Yang 等提出了基于块和超像素的特征表示模型[81-84]。块和超像素的表示能够建模更有语义的上下文信息,因此可以更好地作为示例级的特征表示单元。Zhang 等[85]曾对各类人工设计的特征进行过全面的综述。在基于深度卷积网络的特征表示方面,Gong 等[86]提出基于随机区域划分的特征结构模型,Wei 等[87]提出基于物体候选区域的特征结构模型。这些模型通常采用图像分类任务中流行的主干网络作为特征表示的基本结构。

2. 标签结构关联

在提取图像的语义特征后，一些工作利用标签间的结构性关联训练有效的多标签分类器。这些工作一般称为结构化输出模型。根据结构化关联的类型，可以将多标签学习方法分为三类[88]。第一类是一阶关联，即对每个标签训练独立的分类器，从而将问题转化为多个独立的二分类问题[89]。这种分解简单高效，然而忽略了标签之间的关联。第二类是二阶关联，即考虑标签之间的两两相关性，例如汽车经常和轿车同时出现，但很少与沙发同时出现。这种关联一定程度上提高了模型的内部约束关系。第三类是高阶关联，即计算多标签之间的相关性，常用的方法包括概率图模型[90]、链式关联模型[91]等。然而这类模型计算严格，可扩展性差，且容易发生过学习。

1.3.3 物体检测

1. 强监督物体检测模型

在物体检测方面，早期的模型主要基于人工设计的特征（如 Haar 特征[92]、梯度直方图、多通道特征[93,94]、局部二值特征[95,96]等），并结合有效的分类器（Boosting[97]、SVM[98]等），利用带物体位置信息的训练样本学习目标的检测器。其中最为经典的模型是 Felzenszalb 等提出的形变部件模型（DPM）[99,100]。2013 年起，卷积神经网络在物体检测任务中取得突破性进展。比较突出的工作包括基于区域的卷积神经网络模型（RCNN）[101-107]、统一实时的物体检测器（YOLO）[108,109]、单发多目标检测器（SSD）[110]等。这些方法不仅能够达到很高的准确率，而且具有很强的实时性。除了通过改进的模型提高物体检测的准确率以外，一些工作还采用了更加精细的监督信息，例如矩形框内示例的有效分割信息[111,112]，以辅助物体检测器的训练。由于示例的像素级分割信息可以有效地区分背景和遮挡，因此对物体检测性能带来了明显提高。然而，这些方法需要大量示例级矩形框甚至像素级分割的标记样本，因此对类别的扩展性较差。

2. 弱监督物体检测模型

弱监督条件下的物体检测也带动了不少研究。大量现有的弱监督物体检测模型都是基于多示例学习的框架（MIL）[113-122]。多示例学习模型的一般方法是进行以下两个步骤的迭代：①基于一个已有的训练样本候选集训练一个物体检测器；②基于物体检测器更新训练样本候选集。这些方法受模型初始化的影响比较大，且对于每次更新后训练样本集的准确性有较大要求。因此，大量工作旨在提高模型初始化准确率和收集正样本的准确率。多示例学习模型表现出了较好的物体定位能力。然而，两步的迭代训练算法导致基于深度学习的物体检测器训练不能端到端地进行。

最近,一些学者提出可端到端训练的模型用于弱监督的物体检测[123-125]。Oquab 等[126]发现用于图像多标签学习的网络能够自动学到物体位置相关的激活图,从而可以借助激活图粗略定位目标物体。这些模型最明显的优点在于可以通过统一的网络将多标签学习和物体定位两个任务结合起来。然而,这些激活图对物体的定位信息十分有限。除此之外,为了通过多标签学习的模型得到物体的定位结果,需要进行单独的后处理算法。

1.4　技术测评

1.4.1　数据集介绍

本书主要使用以下标准数据集用于性能评价(数据集的统计特性总结于表 1-2 和表 1-3 中):

(1) Oxford5K:这一数据集包含 5 063 幅高清图像,其中包含 11 组与牛津大学校园建筑相关的照片和大量的干扰图片。在 11 组建筑照片中,每组含有 5 张出现这一建筑的不同查询图像,每张图像用一个矩形框标定了查询物体。正确的查询结果是所有包含该目标物体的图像。数据集中的查询目标主要为建筑,具有纹理丰富、目标明显等特点。

(2) Paris6K:该数据集包含 6 385 幅高清图像,每张图像都是以巴黎为关键词在 Flickr 上搜索返回的结果。数据集中包含 11 组特定的地标(如卢浮宫、艾菲尔铁塔等)。共有 55 张与这些特定地标相关的图像作为查询图像。这一数据集通常作为 Oxford5K 的扩充。

(3) Flickr100K:这个数据集包含近 10 万张从 Flickr 上随机下载的图像。这些图像覆盖了 145 个不同的标签。这些图像作为噪声被加入 Oxford5K 和 Paris6K 数据集中以提高难度,并测试方法的可扩展性。

(4) Holidays:该数据集包含 1 491 张来自个人假期相册的图像。图像的内容包括多种不同类型的风景。数据集提供了 500 个查询图像,每个查询有 1~3张相关但视角不同的图像。

(5) UKBench:该数据集包含 10 200 张图像。这些图像共被分为 2 550 组,每组包括 4 幅同一物体的图像。物体的内容丰富多样。每幅图像之间因拍摄视角、光照变化等因素而有所差异。

(6) Sculpture6K[127]:这一数据集包含 6 340 张高清图像。所有的照片都是从 Flickr 上随机下载的。图像包含 10 类光滑的雕塑作为查询目标。每个目标各包含不同角度、光照、遮挡下的 7 张不同的照片。雕塑的表面由于比较平滑，纹理信息较少，目标定位和视觉特征提取的线索都很有限。因此这一数据集更有挑战性。

(7) PASCAL VOC：从 2005 年到 2012 年，PASCAL VOC 竞赛每年举办一次，每年竞赛使用的数据集也成为物体识别与检测的标准集。其中，VOC 2007 和 VOC 2012 数据集使用得最为广泛。VOC 2007 数据集一共包含 9 963 张图片，其中包括 2 501 张训练图像、2 510 张验证图像和 4 952 张测试图像。VOC 2012 的数据集一共包含 5 717 张训练图像、5 823 张验证图像和 10 991 张测试图像。所有的图像都从 Flickr 网站采集。每张图像都包含至少两类标注，一类为图像所包含的所有物体的类别，另一类为所有出现的物体在图像中的位置（以矩形框的形式给定）。物体的类别一共有 20 类，包括猫、狗、人、飞机、沙发、汽车等。

(8) ILSVRC：与 PASCAL VOC 竞赛类似，ILSVRC 是一个大规模的视觉识别竞赛，自 2010 年起每年举办一届，每年竞赛的数据集成为学界测评的标准。竞赛包含多项任务，其中分类任务最受大家关注。ILSVRC 2012 数据集的分类任务包含 128 万张训练集图像，5 万张验证集图像和 10 万张测试集图像。图像的类别覆盖 1 000 类通用物体，所有图像均采用 AMT 众包的方式进行标注。

表 1-2　示例检索数据集统计特性汇总

名　称	图　像　数	查　询　数	内　容
Oxford5K	5 063	55	建筑
Paris6K	6 385	55	建筑
Flickr100K	99 782	—	Flickr 的热门标签
Holidays	1 491	500	场景
UKBench	10 200	10 200	一般物体
Sculpture6K	6 340	70	雕塑

表 1-3　标签检索与定位数据集统计特性汇总

名　称	训练/验证图像数	测试图像数	标　签　数
PASCAL VOC 2007	2 501/2 510	4 952	20
PASCAL VOC 2012	5 717/5 823	10 991	20
ILSVRC 2012	128 万/5 万	—	1 000

1.4.2　性能评价指标

对于示例搜索、标签检索和物体检测三类任务，都采用平均准确率（average precision，AP）度量算法的准确率。平均准确率计算的是查准率-召回率（precision-recall，PR）曲线下的面积。其中，查准率是指返回的所有图像和目标中，正确的样

本占所有返回结果的比例,计算方式为

$$\text{precision} = \frac{\text{TP}}{\text{TP} + \text{FP}} \tag{1-1}$$

式中,TP 是返回的结果中真实为正样本的数目;FP 是返回的结果中实际为负样本的数目。召回率是指返回的正确样本占数据集所有正确样本的比例,计算方式为

$$\text{recall} = \frac{\text{TP}}{P} \tag{1-2}$$

式中,P 是数据集中真实为正样本的总数。对检索问题来说,正确的结果定义为返回的图片包含查询示例或标签的样本。对物体检测任务来说,正确样本的定义略有特殊。假设物体检测器预测的物体位置由矩形框B_d表示,物体出现的实际位置由矩形框B_t表示,则正确的检测结果要求B_d和B_t的交并比大于 50%,即

$$\text{overlap} = \frac{B_d \cap B_t}{B_d \cup B_t} > 50\% \tag{1-3}$$

以召回率为横坐标、查准率为纵坐标可以形成一个二维坐标轴。通过对系统返回的结果设置不同的阈值就可以在 PR 空间中做出不同的点,进而连接成 PR 曲线。理想的 PR 曲线在不同的召回率下保持查准率为 1,因此 AP 的上限为 1。

对每一项任务,对每一个查询计算平均准确率。通过对所有查询结果的平均准确率统计均值,得到搜索结果的平均性能(mean average precision,mAP)。

对于物体检测任务来说,除了用 AP 度量查询的准确率以外,还定义了定位准确率(correct localization,CorLoc)来评价物体检测的性能。在 CorLoc 的定义中,如果一幅图像预测的置信度最高的矩形框准确定位了一个物体,则这类物体在该图像上检测正确。CorLoc 通过统计检测正确的图像占数据集中所有正确样本的比例决定定位的准确率。

参考文献

[1]TAMURA H, YOKOYA N. Image database systems: a survey[J]. Pattern Recognition, 1984, 17(1): 29-43.

[2]LIU W, JIANG Y G, LUO J, et al. Noise resistant graph ranking for improved web image search[C]. IEEE Conference on Computer Vision and Pattern Recognition, 2011: 849-856.

[3]KIAPOUR M H, HAN X, LAZEBNIK S, et al. Where to buy it: matching street clothing photos in online shops[C]. International Conference on Computer Vision, 2015: 3343-3351.

[4]XU J, JAGADEESH V, NI Z. Graph-based topic-focused retrieval in distributed camera network[J]. IEEE Transactions on Multimedia, 2013, 15(8): 2046-2057.

[5]SMEULDERS A W M, WORRING M, SANTINI S, et al. Content-based image retrieval at the end of the early years[J]. IEEE Transactions on Pattern Analysis and Machine Intelligence, 2000, 22

(12): 1349-1380.

[6]ZHOU W, LU Y, LI H, et al. Spatial coding for large scale partial-duplicate web image search [C]. ACM Multimedia, 2010: 511-520.

[7]SIDDIQUIE B, FERIS R S, DAVIS L S. Image ranking and retrieval based on multi-attribute queries[C]. IEEE Conference on Computer Vision and Pattern Recognition, 2011: 801-808.

[8]GORDOA A, RODRIGUEZ-SERRANO J A, PERRONNIN F, et al. Leveraging category-level labels for instance-level image retrieval[C]. IEEE Conference on Computer Vision and Pattern Recognition, 2012: 3045-3052.

[9]SU H, DENG J, FEI-FEI L. Crowdsourcing annotations for visual object detection[C]. AAAI Conference on Artificial Intelligence, 2012: 40-46.

[10]PAPADOPOULOS D P, CLARKE A D F, KELLER F, et al. Training object class detectors from eye tracking data[C]. European Conference on Computer Vision, 2014: 1-16.

[11]GONG Y, JIA Y, LEUNG T, et al. Deep convolutional ranking for multilabel image annotation [C]. International Conference on Learning Representations, 2014: 1-9.

[12]DORAI C, VENKATESH S. Bridging the semantic gap with computational media aesthetics[J]. IEEE Multimedia, 2003, 10(2): 15-17.

[13] LOWE D G. Distinctive image features from scale-invariant keypoints[J]. International Journal of Computer Vision, 2004, 60(2): 91-110.

[14] DALAL N, TRIGGS B. Histograms of oriented gradients for human detection[C]. IEEE Conference on Computer Vision and Pattern Recognition, 2005: 886-893.

[15]SIVIC J, ZISSERMAN A. Video google: a text retrieval approach to object matching in videos [C]. IEEE Conference on Computer Vision and Pattern Recognition, 2003: 1470-1477.

[16]LAZEBNIK S, SCHMID C, PONCE J. Beyond bags of features: spatial pyramid matching for recognizing natural scene categories[C]. IEEE Conference on Computer Vision and Pattern Recognition, 2006: 2169-2178.

[17]FELZENSZWALB P, MCALLESTER D, RAMANAN D. A discriminatively trained, multiscaled, deformable part model[C]. IEEE Conference on Computer Vision and Pattern Recognition, 2008: 1-8.

[18]Awad G, SNOEK C G M, SMEATON A F, et al. TRECVid semantic indexing of video: a 6-year retrospective[J]. ITE Transactions on Media Technology and Applications, 2016, 4(3): 187-208.

[19] EVERINGHAM M, ESLAMI S M A, GOOL L V, et al. The pascal visual object classes challenge: a retrospective[J]. International Journal of Computer Vision, 2014, 111(1): 98-136.

[20]RUSSAKOVSKY O, DENG J, SU H, et al. Imagenet large scale visual recognition challenge[J]. International Journal of Computer Vision, 2015, 115(3): 211-252.

[21]LIN T Y, MAIRE M, BELONGIE S, et al. Microsoft COCO: common objects in context[C]. IEEE Conference on Computer Vision and Pattern Recognition, 2014: 740-755.

[22] FLICKNER M, SAWHNEY H, NIBLACK W, et al. Query by image and video content: the QBIC system[J]. Computer, 1995, 28(9): 23-32.

[23] PASS G, ZABIH R. Histogram refinement for content-based image retrieval[C]. IEEE Workshop on Applications of Computer Vision, 1996: 96-102.

[24] MANJUNATH B, MA W. Texture features for browsing and retrivieval of image data[J]. Pattern Analysis and Machine Intelligence, 1996, 8(18): 837-842.

[25] DENG Y, MANJUNATH B S, KENNEY C, et al. An efficient color representation for image retrieval[J]. IEEE Transations on Image Processing, 2001, 10(1): 140-147.

[26] OLIVA A, TORRALBA A. Modeling the shape of the scene: a holistic representation of the spatial envelope[J]. International Journal of Computer Vision, 2001, 42(3): 145-175.

[27] MATAS J, CHUM O, URBAN M, et al. Robust wide baseline stereo from maximally stable extremal regions[C]. British Machine Vision Conference, 2002: 384-393.

[28] SCHMID K M. Scale and affine invariant interest point detectors[J]. International Journal of Computer Vision, 2004, 60: 63-86.

[29] ARANDJELOVI R, ZISSERMAN A. Three things everyone should know to improve object retrieval [C]. IEEE Conference on Computer Vision and Pattern Recognition, 2012: 2911-2918.

[30] SANDE K E A V D, MEMBER S, GEVERS T, et al. Evaluating color descriptors for object and scene recognition[J]. IEEE Transactions on Pattern Analysis and Machine Intelligence, 2010, 32(9): 1582-1596.

[31] BAY H, TUYTELAARS T, GOOL L V. SURF: speeded up robust features[C]. European Conference on Computer Vision, 2006: 404-417.

[32] NISTER D, STEWENIUS H. Scalable recognition with a vocabulary tree[C]. IEEE Conference on Computer Vision and Pattern Recognition, 2006: 1-8.

[33] MIKUL A, PERDOCH M. Learning a fine vocabulary[C]. European Conference on Computer Vision, 2010: 1-14.

[34] ZHU C-Z, SATOH S. Large vocabulary quantization for searching instances from videos[C]. International Conference on Multimedia Retrieval, 2012.

[35] PHILBIN J, CHUM O, ISARD M, et al. Object retrieval with large vocabularies and fast spatial matching[C]. IEEE Conference on Computer Vision and Pattern Recognition, 2007: 1-8.

[36] LI D, YANG L, HUA X, et al. Large-scale robust visual codebook construction[C]. ACM International Conference on Multimedia. 2010: 1183-1186.

[37] WANG X, YANG M, COUR T, et al. Contextual weighting for vocabulary tree based image retrieval[C]. IEEE International Conference on Computer Vision, 2011: 209-216.

[38] PHILBIN J, CHUM O, ISARD M, et al. Lost in quantization: improving particular object retrieval in large scale image databases[C]. IEEE Conference on Computer Vision and Pattern Recognition, 2008: 1-8.

[39] ZHENG L, WANG S, ZHOU W, et al. Bayes merging of multiple vocabularies for scalable image retrieval[C]. IEEE Conference on Computer Vision and Pattern Recognition, 2014.

[40] JEGOU H, DOUZE M, SCHMID C. Hamming embedding and weak geometric consistency for large scale image search[C]. European Conference on Computer Vision, 2008.

[41] JÉGOU H, DOUZE M, SCHMID C. Product quantization for nearest neighbor search herve[J]. IEEE Transactions on Pattern Analysis and Machine Intelligence, 2011, 33(1): 117-128.

[42] GE T, HE K, KE Q, et al. Optimized product quantization for approximate nearest neighbor search [C]. IEEE Conference on Computer Vision and Pattern Recognition, 2013: 2946-2953.

[43] J'EGOU H, ZISSERMAN A. Triangulation embedding and democratic aggregation for image search[C]. IEEE Conference on Computer Vision and Pattern Recognition, 2014.

[44] PERRONNIN F, LIU Y, SÁNCHEZ J, et al. Large-scale image retrieval with compressed fisher vectors [C]. Computer Vision and Pattern Recognition, 2010: 3384-3391.

[45] DELHUMEAU J, GOSSELIN P-H, JÉGOU H, et al. Revisiting the VLAD image representation [C]. ACM Multimedia, 2013: 653-656.

[46] SPYROMITROS-XIOUFIS E, PAPADOPOULOS S, KOMPATSIARIS I Y, et al. A comprehensive study over VLAD and product quantization in large-scale image retrieval[J]. IEEE Transactions on Multimedia, 2014, 16(6): 1713-1728.

[47] ARANDJELOVIC R, ZISSERMAN A. All about VLAD[C]. IEEE Conference on Computer Vision and Pattern Recognition, 2013.

[48] JEGOU H, DOUZE M. Aggregating local descriptors into a compact image representation[J]. IEEE Conference on Computer Vision and Pattern Recognition, 2010: 3304-3311.

[49] JÉGOU H, PERRONNIN F. Aggregating local image descriptors into compact codes[J]. IEEE transactions on pattern analysis and machine intelligence, 2012, 34(9): 1704-1716.

[50] ZHENG L, WANG S, LIU Z, et al. Packing and padding: coupled multi-index for accurate image retrieval[C]. IEEE Conference on Computer Vision and Pattern Recognition, 2014.

[51] WENGERT C, DOUZE M, JÉGOU H. Bag-of-colors for improved image search[C]. ACM Multimedia, 2011.

[52] ZHANG S, YANG M, WANG X. Semantic-aware co-indexing for image retrieval[C]. IEEE International Conference on Computer Vision, 2013.

[53] FISCHLER M A, BOLLES R C. Random sample consensus[J]. Communications of the ACM, 1981, 24(6): 381-395.

[54] JEGOU H, DOUZE M, SCHMID C. Packing bag of features[C]. IEEE International Conference on Computer Vision, 2009.

[55] ZHONG W, QIFA K, ISARD M, et al. Bundling features for large scale partial-duplicate web image search[C]. IEEE Conference on Computer Vision and Pattern Recognition, 2009: 25-32.

[56] JIANG Y, MENG J, YUAN J, et al. Randomized spatial context for object search[J]. IEEE Transactions on Image Processing, 2015, 24(6): 1748-1762.

[57] ZHENG L, WANG S, LIU Z, et al. Lp-norm IDF for large scale image search[C]. IEEE Conference on Computer Vision and Pattern Recognition, 2013: 1626-1633.

[58] MURATA M, NAGANO H, MEMBER S, et al. BM25 With exponential IDF for instance search

[J]. IEEE Transactions on Multimedia, 2014, 16(6): 1690-1699.

[59]TOLIAS G, AVRITHIS Y, JÉGOU H. To aggregate or not to aggregate: selective match kernels for image search[C]. IEEE International Conference on Computer Vision, 2013: 1-8.

[60]QIN D, WENGERT C, GOOL L V. Query adaptive similarity for large scale object retrieval[C]. IEEE Conference on Computer Vision and Pattern Recognition, 2013: 1610-1617.

[61]ARANDJELOVIC R, ZISSERMAN A. Multiple queries for large scale specific object retrieval. [C]. British Machine Vision Conference, 2012.

[62]ZHU C Z, HUANG Y H, SATOH S. Multi-image aggregation for better visual object retrieval[C]. IEEE International Conference on Acoustics, Speech and Signal Processing, 2014.

[63]CHUM O, PHILBIN J, SIVIC J, et al. Total recall: automatic query expansion with a generative feature model for object retrieval[C]. IEEE International Conference on Computer Vision, 2007.

[64]CHUM O, MIKULIK A. Total recall II: query expansion revisited[C]. IEEE Conference on Computer Vision and Pattern Recognition, 2011.

[65]MEI T, RUI Y, LI S, et al. Multimedia search reranking: a literature survey[J]. ACM Computing Surveys, 2014, 46(3):1-38.

[66]QIN D, GAMMETER S, BOSSARD L. Hello neighbor: accurate object retrieval with k-reciprocal nearest neighbors[C]. IEEE Conference on Computer Vision and Pattern Recognition, 2011.

[67]KRIZHEVSKY A, HINTON G E. Imagenet classification with deep convolutional neural networks [C]. Neural Information Processing Systems, 2012: 1-9.

[68]DONAHUE J, JIA Y, VINYALS O, et al. DeCAF: a deep convolutional activation feature for generic visual recognition[C]. International Conference on Machine Learning, 2014.

[69]GONG Y, WANG L, GUO R, et al. Multi-scale orderless pooling of deep convolutional activation features[C]. European Conference on Computer Vision, 2014.

[70]SHARIF A, HOSSEIN R, JOSEPHINE A, et al. CNN features off-the-shelf: an astounding baseline for recognition[C]. IEEE Conference on Computer Vision and Pattern Recognition, 2014.

[71]NG J Y, YANG F, DAVIS L S. Exploiting local features from deep networks for image retrieval [C]. IEEE Conference on Computer Vision and Pattern Recognition, 2015.

[72]BABENKO A, SLESAREV A, CHIGORIN A, et al. Neural codes for image retrieval[C]. European Conference on Computer Vision, 2014.

[73]PAULIN M, DOUZE M, HARCHAOUI Z, et al. Local convolutional features with unsupervised training for image retrieval[C]. IEEE International Conference on Computer Vision, 2015.

[74]YANDEX A B, LEMPITSKY V. Aggregating local deep features for image retrieval[C]. IEEE International Conference on Computer Vision, 2015: 1277.

[75]PAULIN M, DOUZE M, HARCHAOUI Z, et al. Local convolutional features with unsupervised training for image retrieval[C]. IEEE International Conference on Computer Vision, 2015: 91-99.

[76]WAN J, WANG D, HOI S C H, et al. Deep learning for content-based image retrieval: a comprehensive study[C]. ACM international conference on Multimedia, 2014.

[77]WANG J, SONG Y, LEUNG T, et al. Learning fine-grained image similarity with deep ranking

[C]. IEEE Conference on Computer Vision and Pattern Recognition, 2014.

[78]ZHENG L, WANG S, TIAN L, et al. Query-adaptive late fusion for image search and person reidentification[C]. IEEE Conference on Computer Vision and Pattern Recognition, 2015.

[79]JAIN A K, VAILAYA A. Image retrieval using color and shape[J]. Pattern Recognition, 1996, 29(8): 1233-1244.

[80]HERVÉ N, BOUJEMAA N. Image annotation: which approach for realistic databases[C]. ACM International Conference on Image and Video Retrieval, 2007.

[81]ZHOU Z, ZHANG M L. Multi-instance multi-label learning with application to scene classification [C]. Neural Information Processing Systems, 2007, 19: 1609-1616.

[82]LI Y, HU J-H, JIANG Y, et al. Towards discovering what patterns trigger what labels[C]. AAAI Conference on Artificial Intelligence, 2012: 1012-1018.

[83]SUN Y Y, ZHANG Y, ZHOU Z H. Multi-label learning with weak label[C]. AAAI Conference on Artificial Intelligence, 2013.

[84]YANG C, DONG M. Region-based image annotation using asymmetrical support vector machine-based multiple-instance learning[C]. IEEE Conference on Computer Vision and Pattern Recognition, 2006: 2057-2063.

[85]ZHANG D, ISLAM M M, LU G. Elsevier, 2012. A review on automatic image annotation techniques[J]. Pattern Recognition, 2012, 45(1): 346-362.

[86]GONG Y, WANG L, GUO R, et al. Multi-scale orderless pooling of deep convolutional activation features[C]. European Conference on Computer Vision, 2014.

[87]WEI Y, XIA W, LIN M, et al. HCP: a flexible CNN framework for multi-label image classification [J]. IEEE Transactions on Pattern Analysis and Machine Intelligence, 2016, 38(9): 1901-1907.

[88]ZHANG M L, ZHOU Z H. A review on multi-label learning algorithms[J]. IEEE Transactions on Knowledge and Data Engineering, 2014, 26(8): 1819-1837.

[89]BOUTELL M R, LUO J, SHEN X, et al. Learning multi-label scene classification[J]. Pattern Recognition, 2004, 37(9): 1757-1771.

[90]LI Q, QIAO M, BIAN W, et al. Conditional graphical lasso for multi-label image classification [C]. Computer Vision and Pattern Recognition, 2016.

[91]READ J, PFAHRINGER B, HOLMES G, et al. Classifier chains for multi-label classification[J]. Machine Learning, 2011, 85(3): 333-359.

[92]VIOLA P, JONES M. Rapid object detection using a boosted cascade of simple features[C]. IEEE Conference on Computer Vision and Pattern Recognition, 2001.

[93]DOLLÁR P, TU Z, PERONA P, et al. Integral channel features[C]. British Machine Vision Conference, 2009: 1-11.

[94]DOLLAR P, APPEL R, BELONGIE S, et al. Fast feature pyramids for object detection[J]. IEEE Transactions on Pattern Analysis and Machine Intelligence, 2014, 36(8): 1532-1545.

[95]WANG X, HAN T X, YAN S. An HOG-LBP human detector with partial occlusion handling[C].

IEEE International Conference on Computer Vision, 2009: 32-39.
[96] AHONEN T, HADID A, PIETIKÄINEN M. Face description with local binary patterns: Application to face recognition[J]. IEEE Transactions on Pattern Analysis and Machine Intelligence, 2006, 28(12): 2037-2041.
[97] FRIEDMAN J, HASTIE T, TIBSHIRANI R. Additive logistic regression: a statistical view of boosting[J]. Annals of Statistics, 2000, 28(2): 337-407.
[98] CORTES C, VAPNIK V. Support vector machine[J]. Machine Learning, 1995: 1303-1308.
[99] FELZENSZWALB P F, GIRSHICK R B, MCALLESTER D, et al. Object detection with discriminatively trained part-based models[J]. IEEE Transactions on Pattern Analysis and Machine Intelligence, 2010, 32(9): 1627-1645.
[100] DEAN T, RUZON M A, SEGAL M, et al. Fast, accurate detection of 100 000 object classes on a single machine[C]. IEEE Conference on Computer Vision and Pattern Recognition, 2013: 1814-1821.
[101] DAI J, LI Y, HE K, et al. R-FCN: Object detection via region-based fully convolutional networks[C]. Advances in Neural Information Processing Systems, 2016.
[102] GIRSHICK R. Fast R-CNN[C]. IEEE International Conference on Computer Vision, 2015.
[103] GIRSHICK R, DONAHUE J, DARRELL T, et al. Rich feature hierarchies for accurate object detection and semantic segmentation[C]. IEEE Conference on Computer Vision and Pattern Recognition, 2014: 2-9.
[104] LENC K, VEDALDI A. R-CNN minus R[C]. Procedings of the British Machine Vision Conference, 2015.
[105] REN S, HE K, GIRSHICK R, et al. Faster R-CNN: towards real-time object detection with region proposal networks[C]. Neural Information Processing Systems, 2015: 1-10.
[106] BELL S, ZITNICK L, BALA K, et al. Inside-outside net: detecting objects in context with skip pooling and recurrent neural networks[C]. IEEE Conference on Computer Vision and Pattern Recognition, 2016.
[107] GIDARIS S, KOMODAKIS N. Object detection via a multi-region & semantic segmentation-aware CNN model[C]. IEEE International Conference on Computer Vision, 2015.
[108] REDMON J, GIRSHICK R, FARHADI A. You only look once: unified, real-time object detection[C]. IEEE Conference on Computer Vision and Pattern Recognition, 2016.
[109] REDMON J, FARHADI A. YOLO9000: better, faster, stronger[C]. IEEE Conference on Computer Vision and Pattern Recognition, 2017: 7263-7271.
[110] LIU W, ANGUELOV D, ERHAN D, et al. SSD: single shot multiBox detector[C]. European Conference on Computer Vision, 2016.
[111] HE K, GKIOXARI G, DOLLÁR P, et al. Mask R-CNN[C]. IEEE Conference on Computer Vision and Pattern Recognition, 2017: 2961-2969.
[112] DAI J, HE K, SUN J. Instance-aware semantic segmentation via multi-task network cascades[C]. IEEE Conference on Computer Vision and Pattern Recognition, 2016.

[113] BILEN H, PEDERSOLI M, TUYTELAARS T. Weakly supervised object detection with posterior regularization[C]. British Machine Vision Conference, 2014: 1-12.

[114] BILEN H, PEDERSOLI M, TUYTELAARS T. Weakly supervised object detection with convex clustering[C]. IEEE Conference on Computer Vision and Pattern Recognition, 2015: 1081-1089.

[115] CINBIS R G, VERBEEK J, SCHMID C. Weakly supervised object localization with multi-fold multiple instance learning[J]. IEEE Transactions on Pattern Analysis and Machine Intelligence, 2017, 39(1): 189-203.

[116] DESELAERS T, ALEXE B, FERRARI V. Weakly supervised localization and learning with generic knowledge[J]. International Journal of Computer Vision, 2012, 100(3): 275-293.

[117] SANGINETO E, NABI M, CULIBRK D, et al. Self paced deep learning for weakly supervised object detection[J]. IEEE Transactions on Pattern Analysis and Machine Intelligence, 2018, 41(3): 712-725.

[118] REN W, MEMBER S, HUANG K, et al. Weakly supervised large scale object localization with multiple instance learning and bag splitting[J]. IEEE Transactions on Pattern Analysis and Machine Intelligence, 2016, 38(2): 405-416.

[119] SIVA P, RUSSELL C, XIANG T. In defence of negative mining for annotating weakly labelled data[C]. European Conference on Computer Vision, 2012: 594-608.

[120] SONG H O, LEE Y J, JEGELKA S, et al. Weakly-supervised discovery of visual pattern configurations[C]. Proceedings of the Neural Information Processing System, 2014: 1637-1645.

[121] SONG H O, GIRSHICK R, JEGELKA S, et al. On learning to localize objects with minimal supervision[C]. International Conference on Machine Learning, 2014.

[122] WANG C, HUANG K, REN W, et al. Large-scale weakly supervised object localization via latent category learning[J]. IEEE Transactions on Image Processing, 2015, 24(4): 1371-1385.

[123] BILEN H, VEDALDI A. Weakly supervised deep detection networks[C]. IEEE Conference on Computer Vision and Pattern Recognition, 2016.

[124] BENCY A J, KWON H, LEE H, et al. Weakly supervised localization using deep feature maps[C]. European Conference on Computer Vision, 2016.

[125] ZHOU B, KHOSLA A, LAPEDRIZA A, et al. Learning deep features for discriminative localization[C]. IEEE Conference on Computer Vision and Pattern Recognition, 2016.

[126] OQUAD M, BOTTOU L, LAPTEV I, et al. Is object localization for free? -weakly-supervised learning with convolutional neural networks[C]. IEEE Conference on Computer Vision and Pattern Recognition, 2015: 685-694.

[127] ARANDJELOVIC R, ZISSERMAN A. Smooth object retrieval using a bag of boundaries[C]. IEEE International Conference on Computer Vision, 2011: 375-382.

第 2 章 视觉词组的贝叶斯池化模型

本章对示例检索的关键技术展开研究。示例检索在人们社会生活的多个方面有广阔的应用价值。该课题最常使用的技术是基于局部特征的视觉词袋模型。然而,视觉单词存在同义性和歧义性,产生了与高层语义之间的鸿沟。本章重点研究如何利用视觉单词的空间上下文信息增强特征表示的健壮性,消除语义鸿沟。主要贡献包括四方面。首先,总结了基于视觉词组的图像检索的计算框架,并分析了几种常见的视觉词组错误匹配的类型。其次,优化了视觉词组的定义方式,减少视觉词组的错误匹配。再次,重点介绍了一类易被忽略的错误匹配,即突爆匹配。同时,基于概率模型,提出了一种贝叶斯池化模型用于过滤突爆匹配,从而更好地度量图像之间的相似性。最后,为了展示模型的检索效果,在五个示例检索数据库中进行了实验。

2.1 词袋模型

词袋模型(BoW)[1]是一种基于局部特征的图像表示方法。它是用于图像分类和图像检索最广泛的模型之一。词袋模型首先提取具有不变特性的关键点,并提取能够描述关键点周围纹理特性的局部特征。然后,通过聚类算法对局部特征所在的特征空间进行划分,划分的每一个子空间称为视觉单词,所有的视觉单词构成视觉词典。接着,通过视觉词典,将每个局部特征量化为不同的视觉单词,并形成统计直方图作为每幅图像的特征向量。最后,图像之间的相似性可由特征向量之间的距离衡量。

词袋模型的实际意义是利用视觉词典对局部特征进行量化，从而实现局部特征的快速匹配。然而，如图 2-1 所示，由于视觉单词的歧义性和语义鸿沟的存在，相同的视觉单词不一定能建立相同区域的关联。一方面，视觉词典的量化造成了量化误差：相似的局部特征可能量化到不同的视觉单词上，产生同义性，不相似的局部特征也可能量化到相同的视觉单词上，造成多义性；另一方面，人工调制的局部特征存在视觉表达能力的局限性，导致原本视觉语义不相同的局部特征在特征空间中很接近。

(a) 不同物体之间匹配的视觉单词

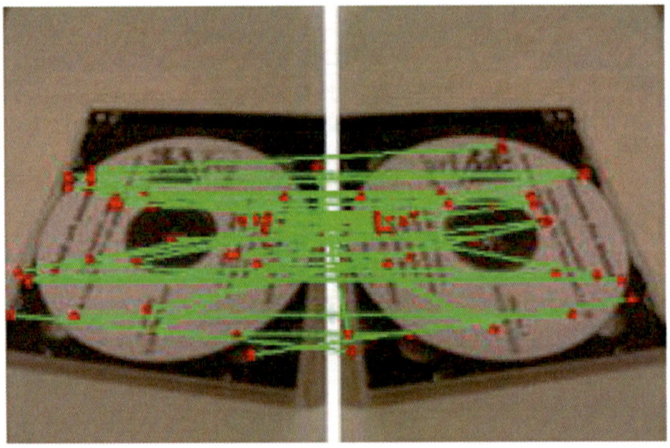

(b) 相同物体之间匹配的视觉单词

图 2-1 视觉单词的同义性和歧义性示例

通过减少视觉词典的量化误差可以一定程度上克服视觉单词的歧义性，但是并不能够消除与高层语义之间的鸿沟。为了同时克服视觉单词的歧义性和语义鸿沟，一种有效的方法是将几何分布一致的视觉单词组合起来，形成视觉词组[2-7]。长度为 k 的视觉词组是指 k 个符合特定几何拓扑关联的视觉单词，如图 2-2 所示。视觉词组考虑了特征点之间的空间上下文信息，因此能够建模高层语义，从而减少视觉单词的歧义性和语义鸿沟。

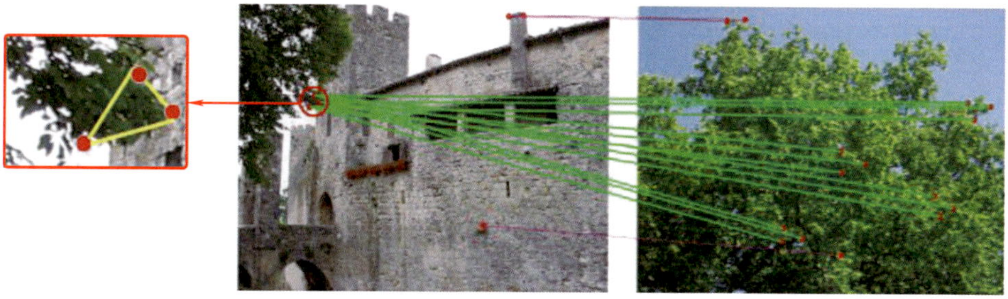

长度为 3 的视觉词组　　　　视觉词组的匹配示例

图 2-2　视觉词组的匹配图例

通过观察,可以将两幅图像匹配的视觉词组分为以下三类:

(1)正确匹配,即属于同一物体同一区域的视觉词组。

(2)混淆匹配,即不属于同一物体同一区域的视觉词组。

(3)突爆(burstiness)匹配,即图像中由于多次出现同一区域而产生的重复匹配。

如图 2-2 所示,绿色的连线代表突爆匹配,紫色的连线代表混淆匹配。与混淆匹配相比,突爆匹配具有一定的特殊性。突爆匹配的视觉词组描述了相同的图案。然而,如果将突爆匹配作为正确匹配考虑,会使得两幅图像的相似度估计过高,从而无法反映图像之间的真实相似性。

与视觉单词的混淆匹配相似,视觉词组的突爆匹配也受到视觉词典的量化误差和局部特征描述能力上限的影响。然而,突爆匹配所对应的视觉图案是相同的,因此,通过改进局部特征描述子和相应的量化方式并不能够消除视觉词组的突爆匹配。

本章期望同时减少视觉词组之间的混淆匹配和突爆匹配,改善图像之间的相似性度量准则,从而提高示例检索的准确率。首先,总结了一种基于视觉词组的图像检索的一般计算框架。接着,通过这个框架,优化了视觉词组的定义方式,从而最大化视觉词组的区分性。具体地说,验证了不同的几何约束对视觉词组的影响,并保留最有区分性和互补的几何信息。同时,考察了不同的视觉单词上下文相对视觉词组的健壮性。最后,提出了一种贝叶斯池化模型减少视觉词组的混淆匹配和突爆匹配。发现了混淆匹配和突爆匹配的视觉词组在几何偏移空间中呈现出的分布与正确匹配呈现出的分布不同。因此,可以利用贝叶斯理论建立概率模型将错误匹配的视觉词组鉴别出来。模型的整体流程如图 2-3 所示。在五个大规模示例检索数据集中的实验结果表明,这一模型能够有效地提高示例检索的准确性。

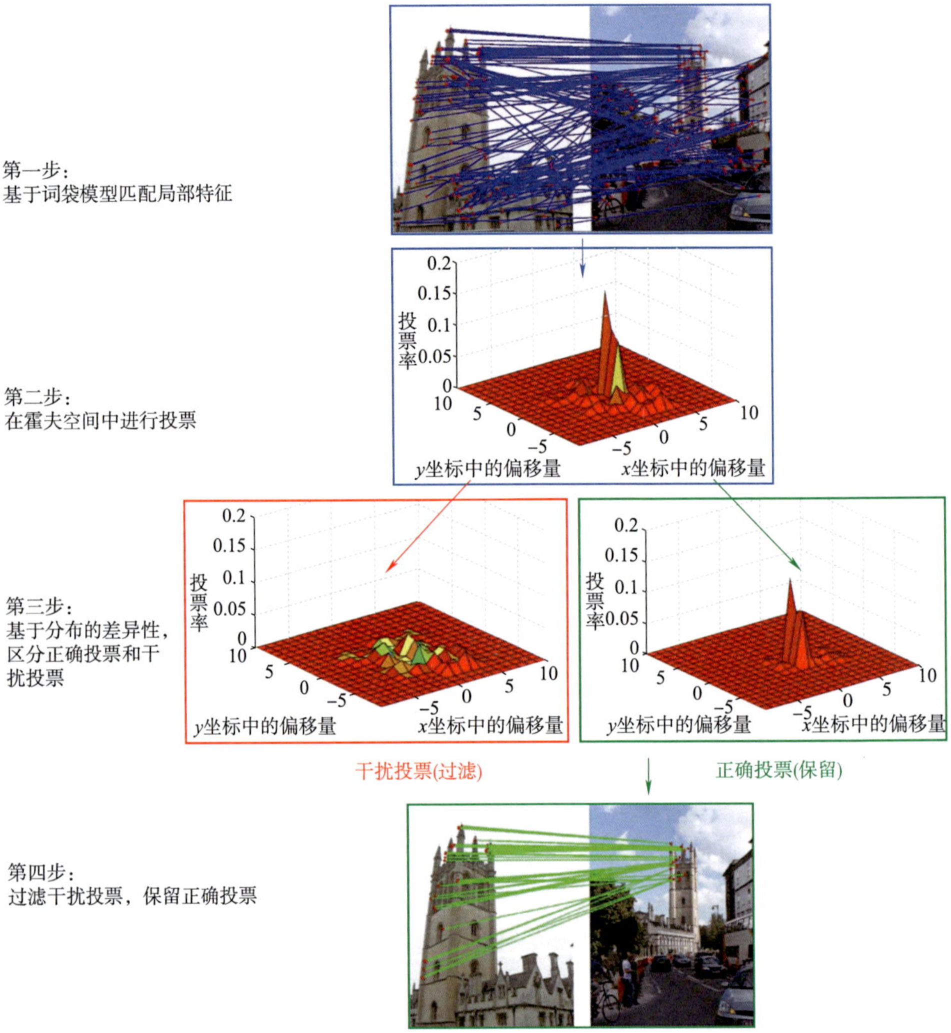

图 2-3　基于贝叶斯池化模型的示例检索模型的流程图

2.2　词袋模型相关工作

2.2.1　视觉单词的上下文建模

为了引入视觉单词的空间上下文关联，研究人员提出了很多利用局部或全局的几何约束规则来匹配局部特征之间的空间一致性的方法。这些方法可以归纳为几何约束的前校验和后校验两种。其中，后校验是指针对检索系统初排后的结果，逐一验证局部特征之间的几何一致性以过滤错误的匹配。例如,Fischler 等[8]采用随机采样一致性算法(RANSAC)估计两幅图像之间的仿射变换关系并滤除不符合同一变换的误匹配。由于算法涉及多次对仿射变换的估计,时间复杂度较高,通常只能对初排结果处于前列的图像使用。另外,后校验并不能提高检索算法的召回率。前校验是指在查询阶段进行空间信息的验证。例如,Lazebnik 等在空间金字塔匹配(SPM)模型[9]中将图像划分为多尺度子空间,并对每个子空间内的局部特征分别进行匹配。不过,该方法对物体的平移和旋转的健壮性并不好。Cao 等[10]提出将局部特征沿着不同方向进行投影,形成具有方向信息的词袋特征向量,并采用一些启发式操作提高特征对平移、旋转、尺度的健壮性。Wu 等[11]提出将几何空间固定或相互近邻的视觉单词捆绑在一起。然而,通过局部邻域选择的视觉单词无法建模大范围的空间上下文。Jiang 等[12]提出对几何空间进行随机划分,从而聚类视觉单词以提高空间约束的灵活性。然而每个子空间内视觉单词之间的几何关联被忽略了。在所有前校验的模型中,基于视觉词组的模型最受关注。视觉词组通常是指符合某一特殊空间分布的一组视觉单词。基于视觉词组的图像匹配通常能够更灵活地建模视觉单词的空间约束。例如,弱几何一致性模型[13]将旋转和尺度一致的视觉单词定义为视觉词组。几何不变视觉词组[14]将位移不变的视觉单词定义为视觉词组。更高阶视觉词组[15,16]通过定义几何不变的视觉词组从而引入更高阶的几何约束。本章着重优化视觉词组的定义和匹配准则,从而提高示例检索的有效性。

2.2.2　视觉突爆现象

视觉图案的突爆现象(visual burstiness)[17,18]在自然图像中普遍存在。突爆现象的成因是图像中反复出现结构相似的图案和纹理,例如大厦中出现的窗户、森林中出现的树叶等。这一现象首先在视觉单词中得到研究。逆文本排序算法(IDF)[19,20]从熵的角度对每个视觉单词的权重重新分配。突爆的视觉单词往往被赋予较低的权重。然而,IDF 主要抑制的是图像之间重复出现的视觉图案,并没有对图像内部重复出现的视觉图案提供解决方案。Wang 等[21]通过考虑视觉单词在空间域的近邻统计关系进一步优化了权重策略。Jegou 等采用白化[22]解决视觉单词的突爆。这些方法的共同特点是从一个语料库中建模视觉单词的完整统计信息(通常用一个直方图向量来表示)。但是,对视觉词组来说,可构成的语料库规模太大。例如,大小为 10 000 的视觉词典可组成长度为 2 的视觉词组 0.5 亿种。因此,当前的计算条件很难用向量化的形式统计视觉词组。因而,这些解决视觉单词突爆匹配的方法都不能有效地应用在视觉词组相关模型上。

2.2.3 贝叶斯决策理论

贝叶斯决策理论是概率理论和统计学中的一个基本方法[23]。通过对某一事件相关的先验知识和条件概率进行分析,估计事件发生的不确定性。贝叶斯推理是解决由观察到的现象去推断现象背后的规律的过程。

正式地说,通过贝叶斯推理进行概率推断的方式如下:

$$P(\mathrm{H}|\mathrm{D})=\frac{P(\mathrm{H})P(\mathrm{D}|\mathrm{H})}{P(\mathrm{D})} \tag{2-1}$$

式中,D 为数据;H 为受数据影响的规律;$P(\mathrm{H})$ 为数据 D 未被观测的情况下规律发生的先验概率;$P(\mathrm{D}|\mathrm{H})$ 为规律发生的条件下数据分布的似然概率;$P(\mathrm{D})$ 为数据分布的概率情况。

贝叶斯推理模型通过对似然概率 $P(\mathrm{D}|\mathrm{H})$ 和先验概率 $P(\mathrm{H})$ 进行建模,实现由观察到的现象推测现象背后的规律。基于贝叶斯推理的概率模型被广泛地应用在计算机视觉的任务中。例如,Qin 等[24]提出建立概率模型鉴别正确匹配的视觉单词和错误匹配的视觉单词。也有通过建立视觉单词匹配及其空间上下文之间的概率关系,验证视觉单词匹配的有效性。这些模型都表明如果观察到的两组数据具有不同的概率分布,就能够有效地应用贝叶斯理论模型鉴别数据。本章的研究方法借鉴了这些概率模型。与这些工作不同的是,本章的研究主要针对视觉词组。

2.3 基于视觉词组的示例检索模型

由于视觉词组考虑了视觉单词之间的空间上下文信息,因此能够建模具有高层语义的视觉信息。建立视觉词组减少了视觉单元的歧义性和语义鸿沟,因而具有更高的区分性和健壮性。

和词袋模型的表达方式相似,一幅图像也可以表示为视觉词组的集合。两幅图像匹配的视觉词组通常是在查询阶段验证的。本章总结了一个基于视觉词组的示例检索模型的计算框架。该框架将示例检索分为视觉词组挖掘和相似性度量两部分。下面介绍该计算框架的细节。

2.3.1 视觉词组的挖掘

视觉词组的挖掘主要通过投票(voting)操作完成。投票是指将匹配的视觉单词投影到一个经过量化的几何偏移空间 H 中。量化在同一子空间中的所有匹配的视觉单词都服从相似的几何偏移,因此可以形成共生的视觉词组。每一个子空间中的投票都表示了一对服从特定形状的视觉词组。通常，不同的视觉词组定义方式决定了不同的投票算法。

假设有两幅图像 X 和 Y，分别提取了一组特征点 $X=\{x_1,x_2,...,x_n\}$ 和 $Y=\{y_1,y_2,...,y_m\}$。其中每个特征点$\boldsymbol{x}_i\in\boldsymbol{R}^d$，是一个 d 维的特征向量。设已训练的视觉词典为

$$\boldsymbol{C}=\{\boldsymbol{c}_1,\boldsymbol{c}_2,...,\boldsymbol{c}_V\} \tag{2-2}$$

式中，V 为视觉词典的大小。这些视觉单词将特征点所在的特征空间划分为 V 个类蜂巢的子空间。处于同一个子空间的特征向量通常距离接近，因此更有可能描述图像中的相同区域。通过视觉词典对特征点 $\boldsymbol{x}_i$ 进行量化，有

$$\boldsymbol{x}_i\rightarrow q_c(\boldsymbol{x}_i) \tag{2-3}$$

式中，$q_c(x_i)\in C$，表示将 $\boldsymbol{x}_i$量化到某个视觉单词。在本书中，用$\{p_x,p_y,a,s\}$表示视觉单词的坐标、角度和尺度。对于任意一对量化到相同视觉单词的特征点$\{x_i,y_j\}$，用 $\Delta\theta(x_i,y_j)$表示在几何上偏移。具体来说，用$\{\Delta p_x,\Delta p_y\}$表示坐标偏移，用$\{\Delta a,\Delta s\}$表示在角度和尺度上的差异。这一组几何偏移可以用下式进行计算：

$$\Delta\theta(x_i,y_j):\begin{cases}\Delta p_x=p_x(x_i)-p_x(y_j)\\ \Delta p_y=p_y(x_i)-p_y(y_j)\\ \Delta a=a(x_i)-a(y_j)\\ \Delta s=\log_e\left[\dfrac{s(x_i)}{s(y_j)}\right]\end{cases} \tag{2-4}$$

接下来，将 $\Delta\theta(x_i,y_j)$可能的取值空间进行量化，可以得到一个量化后的几何偏移空间 H。假设坐标偏移$\{\Delta p_x,\Delta p_y\}$被量化为$Q_c^2$个不同的区间，角度和尺度的变化分别被量化到$Q_a$和$Q_s$个不同的区间。因此，$H$ 一共有$K=Q_c^2\cdot Q_a\cdot Q_s$个不同的子空间。当每个偏移量 $\Delta\theta(x_i,y_j)$量化到 H 的某一个子空间时，产生一记投票

$$\Delta\theta(x_i,y_j)\rightarrow q_\theta(\Delta\theta) \tag{2-5}$$

式中，$q_\theta(\Delta\theta)\in H,H=\{h_1,h_2,...,h_K\}$。

定义特征点 $X=\{x_1,x_2,...,x_n\}$ 和 $Y=\{y_1,y_2,...,y_m\}$中量化到第 k 个视觉单词c_k的特征点的集合分别为$X_{c_k}=\{x_i\in X\mid q_c(x_i)=c_k\}$和$Y_{c_k}$，则处于偏移空间 H 中第 l 个子空间h_l中的投票数可以表示为

$$v_{h_l}(X,Y)=\sum_{c\in C}\sum_{x\in X_c}\sum_{y\in Y_c}\delta(h_l,q_\theta(\Delta\theta(x,y)))\cdot\boldsymbol{\kappa}(x,y) \tag{2-6}$$

式中，$\delta(\cdot)$为克罗内克函数；$\boldsymbol{\kappa}(\cdot)$为两个局部特征之间的相似度核函数。这一投票过程在偏移空间 H 中产生了一个直方图。服从同一空间变化的视觉单词会在直方图的同一位置上产生一次投票，因此同一位置的每 k 个投票表示了在图像 X 和 Y 中共同出现的一个长度为 k 的视觉词组。这一过程如图 2-4 所示，左图中展示了两幅图像的匹配结果。相同的图案表示同一个视觉单词。几何偏移的计算如

式(2-4)所示。通过量化，把偏移量投影至图 2-4 右图所示的四维几何偏移空间中。空间上一致的几个视觉单词将会投影到同一个几何偏移子空间中。如图 2-4 右图所示，$\{A,B,C\}$ 代表着两幅图像中共同出现的长度为 3 的视觉词组。$\{D\}$ 与 $\{A,B,C\}$ 组成共同的图案，会投影在不同的几何偏移子空间中。因此，利用几何偏移空间形成的直方图，可以有效地统计出图像 X 和 Y 中共同出现的视觉词组的总数。

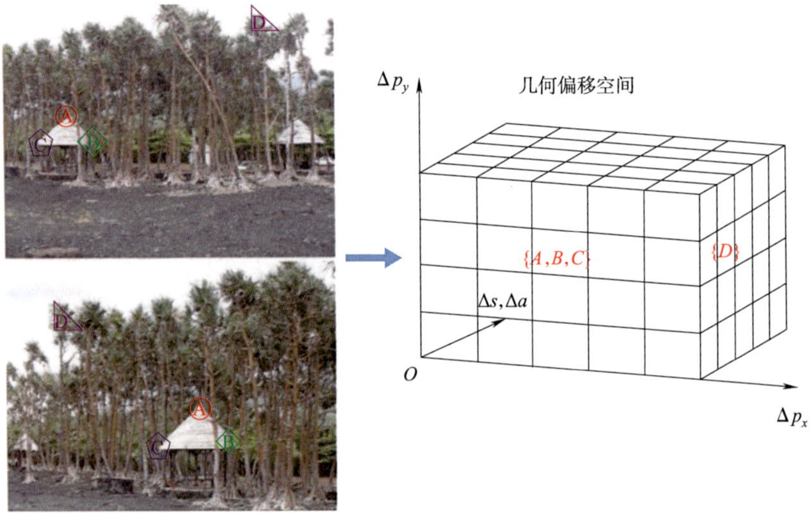

图 2-4　几何偏移空间的构建

2.3.2　相似性度量

相似性度量主要通过池化操作完成。池化操作将整个几何偏移空间中的所有投票做聚合，形成图像与图像之间的整体相似度。具体来说，首先，利用聚合函数 $\sigma(\cdot)$ 决定在第 l 个偏移子空间 h_l 中的视觉词组的总数 $\sigma(v_{h_i})$。随后，利用池化函数 $P(\cdot)$ 统计分布在整个偏移空间中的所有正确匹配的视觉词组的总数，从而决定两幅图像之间的全局相似度。可以将两幅图像之间的相似度定义为

$$\mathrm{sim}(X,Y)=\frac{F(X,Y)}{N(X)N(Y)} \tag{2-7}$$

$$F(X,Y)=\underset{h_l\in H}{P}\{\sigma(v_{h_l}(X,Y))\} \tag{2-8}$$

式中，$F(X,Y)$ 为两幅图像的相似度核函数；$N(\cdot)$ 为归一化函数，通常定义为

$$N(X)=\sqrt{F(X,X)} \tag{2-9}$$

从而式(2-7)中图像的自相似度为 $\mathrm{sim}(X,X)=1$。

2.3.3 相关工作在框架下的解释

基于视觉词组的模型都可以放在这一基于视觉词组匹配的计算框架下进行建模和解释。本节简单总结这些方法，并在表 2-1 中进行对比，其中 v_{h_l} 表示第 l 个偏移子空间中的投票。k 代表了视觉词组的长度。

表 2-1　不同的基于视觉词组的模型在本书所提出的计算框架下的解释

方　法	几何信息	聚合函数 $\sigma(v_{h_i})$	池化函数 $P(\cdot)$
弱几何一致性	尺度，角度	v_{h_i}	最大池化
几何不变视觉词组	位移	$\binom{v_{h_i}}{k}$	平均池化
视觉小词	位移	$\binom{v_{h_i}}{k}$	选择性平均池化

1. 弱几何一致性

弱几何一致性（weak geometric consistency，WGC）的核心思想是，同一物体匹配的所有特征点都应该服从相同的角度和尺度变化。因此，弱几何一致性可以放在基于视觉词组的计算框架下进行建模。具体来说，模型涉及的几何变化包括角度和尺度 $\{\Delta a,\Delta s\}$。聚合函数定义为简单的线性聚合

$$\sigma(v_{h_i}) = v_{h_i} \tag{2-10}$$

线性聚合的意义是最长的视觉词组的长度。池化函数定义为最大池化，写作

$$\underset{h_i\in H}{P_{\max}}\{\sigma(v_{h_i})\} = \max_{h_i\in H}\{\sigma(v_{h_i})\} \tag{2-11}$$

最大池化的意义是，同一物体匹配的所有特征点都应该服从相同的角度和尺度变化，因此最长的视觉词组匹配最有可能出现在相同的物体上，而其他短的视觉词组更有可能是噪声，所以应该滤除。

2. 几何不变视觉词组

几何不变视觉词组（geometry-preserving visual phrases，GVP）统计的是图像之间同时出现的长度为 k 的视觉词组的总数。该方法涉及的几何变化为坐标偏移 $\{\Delta p_x,\Delta p_y\}$。由于处于同一个偏移子空间中的 u 对匹配的视觉单词可以组成 $\binom{u}{k}$ 组长度为 k 的视觉词组，因此，聚合函数可以定义为

$$\sigma(v_{h_i}) = \binom{v_{h_i}}{k} \tag{2-12}$$

不同于弱几何一致性约束，几何不变视觉词组将整个偏移空间中所有出现的视觉词组都考虑入内。因此，几何不变视觉词组采用平均池化聚合视觉词组

$$\underset{h_i\in H}{P_{\text{ave}}}\{\sigma(v_{h_i})\} = \sum_{h_i\in H}\sigma(v_{h_i}) \tag{2-13}$$

3. 视觉小词

视觉小词(visual phraselet, VPL)定义在几何不变视觉词组之上。视觉小词对视觉词组的定义与GVP相同。然而,视觉小词认为视觉词组之间也应服从一致的平移变化,否则,匹配的视觉词组极有可能属于误匹配,应该被滤除。研究发现,在偏移空间 H 中,投票产生峰值的子空间和该子空间周围的子空间中的视觉词组产生的偏移变化是一致的,而离峰值远的子空间内的视觉词组则是不一致的。因此,视觉小词保留了峰值处的视觉词组和峰值周围的八邻域(子空间)内的视觉词组。这一池化函数称为选择性平均池化,数学上定义为

$$\mathop{P_{\mathrm{vpl}}}_{h_i \in H}\{\sigma(v_{h_i})\} = \sum_{h_i \in N_8(h_p)} \sigma(v_{h_i}) \tag{2-14}$$

式中,h_p 表示投票最多的子空间;$N_8(h_p)$ 表示 h_p 和其八邻域。

2.4 贝叶斯池化模型

2.4.1 突爆匹配与池化

突爆匹配是指,当查询图像中的物体或物体的某部分图案在数据集的某张图像中多次出现时,产生的一组视觉词组同时与多组视觉词组匹配的现象。以图2-5为例,(a)图中的局部图案(窗户)在下方的图像中出现了3次,而在上方的图像中仅仅出现了1次。对于正常的匹配法则来说,查询图像的每个视觉词组最多与数据集图像中一个视觉词组对应。若根据GVP模型采用的平均池化来度量相似度,则整个偏移空间中产生的3记投票全都反映在相似性中。因此,GVP模型高估了图像之间的相似度。

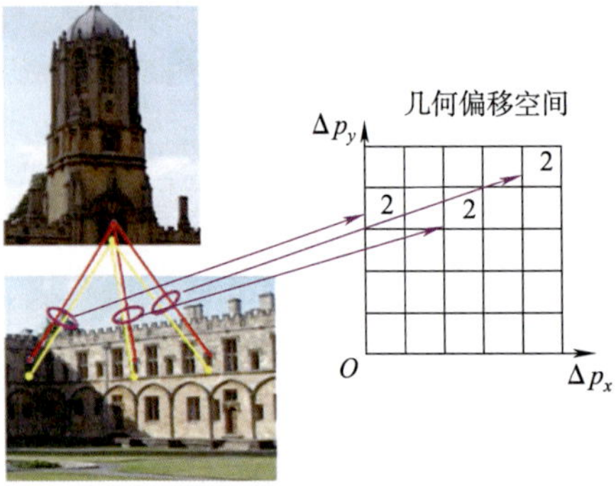

(a)视觉词组突爆匹配

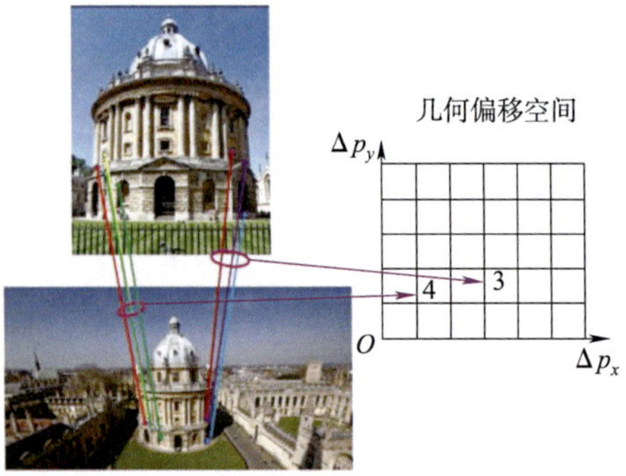

(b)属于相同物体的不同投票

图2-5　视觉词组的突爆现象示例和现有池化模型的不足

弱几何一致性和视觉小词通过滤除距离峰值子空间较远的子空间中的投票，能够一定程度上解决相似度过高估计的问题。然而，这也使一些能够反映图像之间真实相似度的有效信息丢失了。以图 2-5(b)为例，图中同一栋建筑在两图中分别能够匹配两组不同的视觉词组，且两组视觉词组均有效地反映出两图中存在的共同物体。由于拍摄视角的差异，两组视觉词组投影在几何偏移空间中的不同子空间内。弱几何一致性和视觉小词模型中采用的池化函数都只保留了投影强度最大的子空间上的投票，忽略了另一组视觉词组。这样，两幅图像的视觉相似度被低估了。在这一例子中，GVP 采用的平均池化更为有效。

合理的相似性度量准则应该能够过滤混淆匹配和突爆匹配，同时保留正确匹配。现有的池化技术并不能够同时兼顾两者。本节通过改进池化函数，减少混淆匹配和突爆匹配对相似性度量的影响。为了表示方便，本书将混淆匹配的视觉词组和突爆匹配的视觉词组统称为干扰词组(noisy visual phrases, NVP)，将正确匹配的视觉词组称为正确词组(valuable visual phrases, VVP)。发现在几何偏移空间中，NVP 的分布与 VVP 的分布有区别，如图 2-6 所示。其中第一行：查询图像。第二行：数据集中的两幅查询图像，其中第一列与查询图像描述了同一物体。第三到四行：相应的图像在几何偏移空间中的投票情况。显然，同一物体的图像在几何偏移空间中的投票更密集，而不同物体的图像的投票更稀疏。具体地说，NVP 和

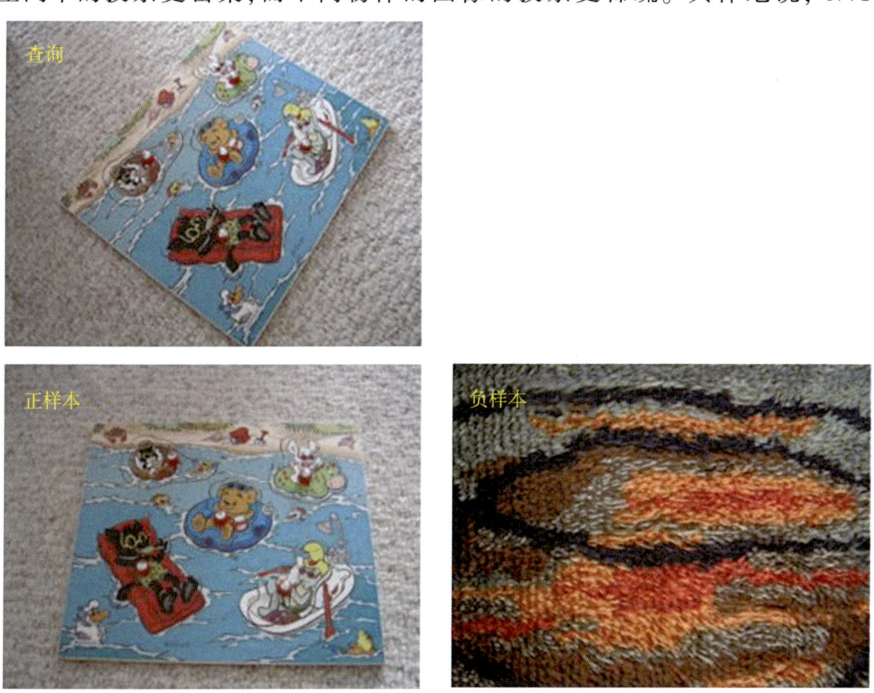

图 2-6　投票在几何偏移空间中的分布示例

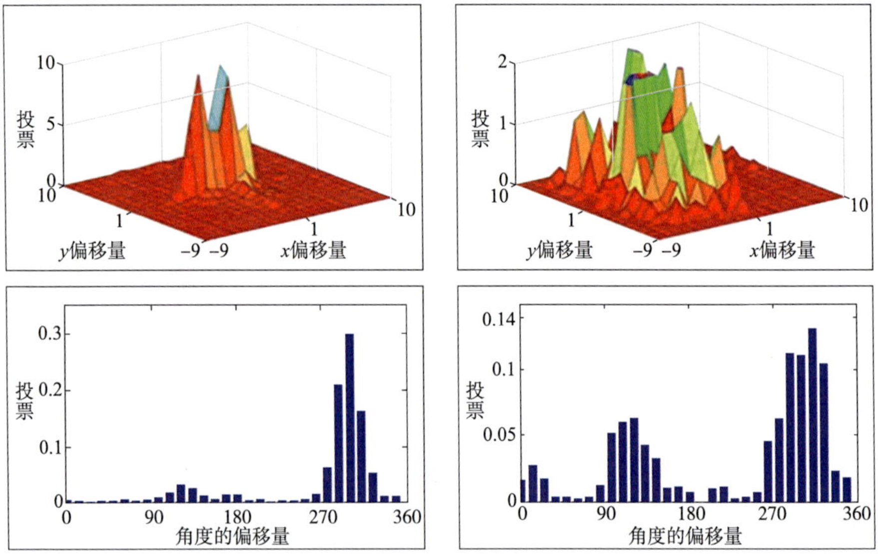

图 2-6　投票在几何偏移空间中的分布示例(续)

VVP 的分布有明显的边界,如图 2-7 所示。从直观上解释,如果匹配的视觉词组投影在离峰值越近的子空间上,则这一匹配越有可能属于 VVP。相反,离峰值越远,则越有可能是 NVP。因此,可以利用贝叶斯决策理论将 VVP 和 NVP 在偏移空间中区分开。

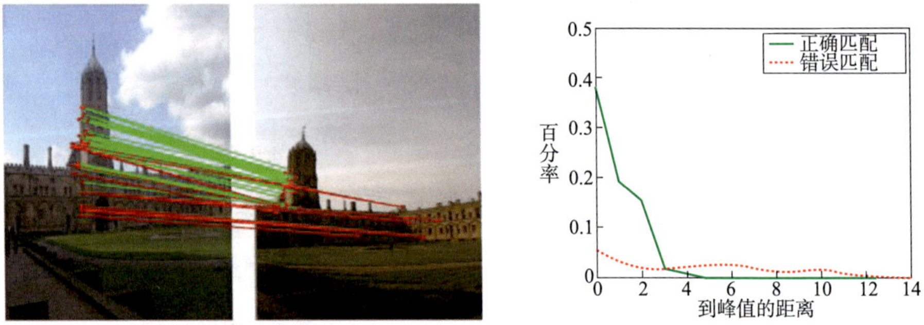

(a)两幅图像匹配的视觉词组示例。绿色的连线表示正确的匹配,红色连线表示错误的匹配

(b)几何偏移空间中投票的分布情况

图 2-7　匹配的两幅图像之间正确词组和干扰词组的示例

2.4.2　模型的建立

本节工作的目标是估计在一个几何偏移子空间 h_j 中,在已观察到一对投影的视觉词组 v 的条件下,确定 v 属于正确匹配的概率。本书将这一概率表示为 $p(v\in$

$T|v;h_j)$，其中 $\mathscr{T}$ 是所有正确匹配视觉词组的集合。类似的，定义干扰词组的集合为 $\mathscr{F}$。这样，视觉词组 v 属于 $\mathscr{F}$ 的概率可以表示为 $p(v\in\mathscr{F}|v;h_j)$。为了方便表示，下面用 $\mathscr{T}_v$ 表示 $v\in\mathscr{T}$，用 $\mathscr{F}_v$ 表示 $v\in\mathscr{F}$。利用全概率公式，可以得到

$$p(v;h_j)=p(\mathscr{T}_v;h_j)p(v|\mathscr{T}_v;h_j)+p(\mathscr{F}_v;h_j)p(v|\mathscr{F}_v;h_j) \tag{2-15}$$

随后，根据贝叶斯理论，可将 $p(\mathscr{T}_v|v;h_j)$ 改写为

$$p(\mathscr{T}_v|v;h_j)=\frac{p(\mathscr{T}_v;h_j)p(v|\mathscr{T}_v;h_j)}{p(v;h_j)} \tag{2-16}$$

最后，将两式合并后，有

$$p(\mathscr{T}_v|v;h_j)=\left(1+\frac{p(\mathscr{F}_v;h_j)}{p(\mathscr{T}_v;h_j)}\times\frac{p(v|\mathscr{F}_v;h_j)}{p(v|\mathscr{T}_v;h_j)}\right)^{-1} \tag{2-17}$$

上式中，一共有三项随机变量需要估计：

第一项：$p(\mathscr{F}_v;h_j)/p(\mathscr{T}_v;h_j)$，表示在第 j 个几何偏移子空间 h_j 中，NVP 和 VVP 在数量上的相对比例（先验概率）；

第二项：$p(v|\mathscr{T}_v;h_j)$，表示正确匹配的视觉词组（VVP）在整个偏移空间上的概率密度函数；

第三项：$p(v|\mathscr{F}_v;h_j)$，表示干扰匹配的视觉词组（NVP）在整个偏移空间上的概率密度函数。

假设在第 j 个偏移子空间 h_j 上观察到的视觉词组的总数为 $\sigma(v_{h_j})$，可以定义实际正确匹配的视觉词组的数目为 VVP 的期望。由此，池化函数可以定义为

$$\underset{h_j\in H}{P}\{\sigma(v_{h_j})\}=\sum_{h_j\in H}E(\sigma(v_{h_j}))=\sum_{h_j\in H}\sigma(v_{h_i})p(\mathscr{T}_v|v;h_j) \tag{2-18}$$

由于这一公式是由贝叶斯理论推导而得，因此本书把这一池化函数命名为贝叶斯池化（Bayes pooling）。

2.4.3　参数估计

如图 2-6 和图 2-7 所示，VVP 在几何偏移空间中的分布比较集中，因此极有可能分布在峰值子空间周围。然而 NVP 在几何偏移空间中的分布比较分散。因此，第二项和第三项可以建模为 VVP 的数量关于任意偏移子空间到峰值子空间的距离的函数。

为了估计 $p(v|\mathscr{T}_v;h_j)$ 和 $p(v|\mathscr{F}_v;h_j)$，本书利用了一组有真实标注的图像数据集（UKBench[25]）进行统计分析和参数估计，并将参数估计的结果应用在测试标准集上。

UKBench 数据集包含了 15 300 对描述相同物体的图像和 1 亿对描述不同物体的图像。本书利用 15 300 对描述相同物体的图像建模 $p(v|\mathscr{T}_v;h_j)$。具体来说，对于每对图像，通过建立词袋模型对特征点进行匹配，并利用多匹配滤除的策略删除

同一物体中出现的突爆匹配。由于没有被过滤的视觉单词都来自同一物体，所以将视觉单词在几何偏移空间中进行投影就能观察到 VVP 在几何偏移空间中的分布。相似地，可以从 1 亿对描述不同物体的图像中随机采样出 100 万对样本，将每对样本匹配的视觉单词在几何偏移空间中投影，从而建模 NVP 在几何偏移空间中的分布。这一分布情况展示于图 2-8 中。

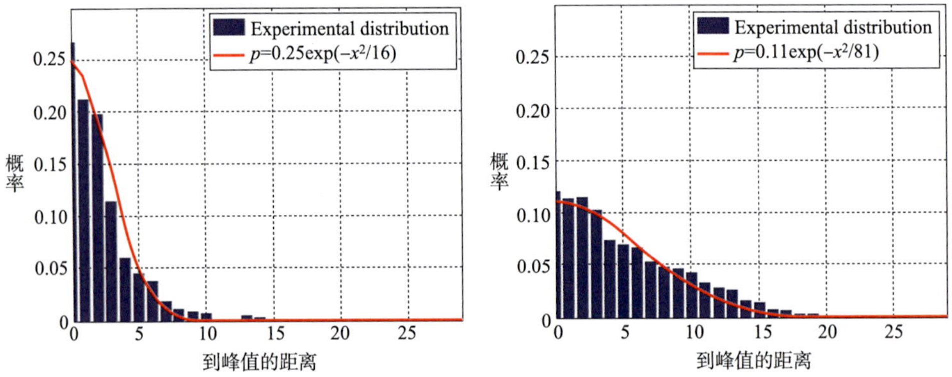

(a) 正确词组的分布情况　　(b) 干扰词组的分布情况

图 2-8　曼哈顿距离下正确词组和干扰词组的分布情况

通过对图 2-8 的观察，可以发现两类分布可以用指数函数近似地建模

$$p(v|\mathcal{T}_v;h_j)=\frac{1}{\alpha_1}\exp(-d_M(h_j,h_p)^2/\alpha_1^2)$$

$$p(v|\mathcal{F}_v;h_j)=\frac{1}{\alpha_2}\exp(-d_M(h_j,h_p)^2/\alpha_2^2) \tag{2-19}$$

式中，h_p表示几何偏移空间中峰值子空间的位置；$d_M(\cdot)$表示子空间的距离；α_1和α_2表示指数函数的方差。通过 UKBench 数据集的统计结果，估计得到$\alpha_1=4$，$\alpha_2=9$。

$p(\mathcal{F}_v;h_j)/p(\mathcal{T}_v;h_j)$描述的是 NVP 和 VVP 在真实样本空间中数量上的比例，是先验概率。为了方便建模，本书假设这一比例与子空间的位置无关。因此，可以将 $p(\mathcal{F}_v;h_j)/p(\mathcal{T}_v;h_j)$简记为 $p(\mathcal{F}_v)/p(\mathcal{T}_v)$。由于这一先验参数较难直接估计，所以将其作为一个可调节的参数 r 引入模型中。直觉上，错误匹配的视觉词组数量应实际多于正确匹配的视觉词组数量，因此 r 的取值范围可以确定为 $r>1$。参数变化对检索系统性能的影响将在第 2.5.2 节中进行分析。

通过整理式(2-19)，可以推导出给定的一组投影属于正确的视觉词组的概率为

$$p(\mathcal{T}_v|v;h_j)=\left(1+r\cdot\frac{\alpha_1}{\alpha_2}\cdot\exp\left(d_M(h_j,h_p)^2\cdot\left(\frac{1}{\alpha_1^2}-\frac{1}{\alpha_2^2}\right)\right)\right)^{-1} \tag{2-20}$$

式(2-20)中,仅有一个参数 r 是未定的。假设 r 的取值范围是 $1<r<20$。通过变化 r 的取值,可将 $p(\mathscr{T}_v|v;h_j)$ 的条件概率曲线画出(见图 2-9),其中每条曲线都做了归一化,从而峰值子空间(对应的距离为 0)的条件概率为 1。由图 2-9 可见,当 r 大于 5 时,曲线几乎没有区别。

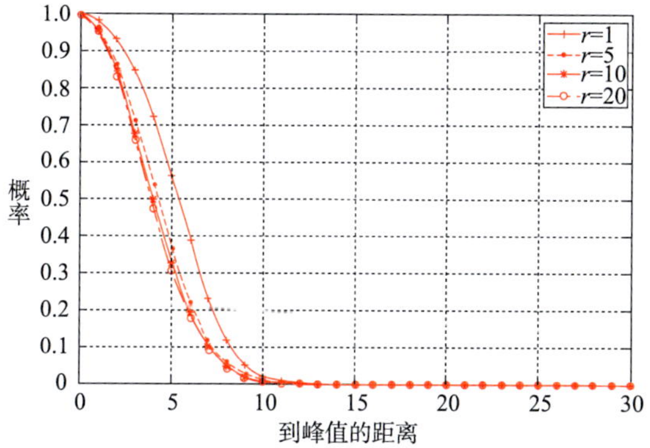

图 2-9　$p(\mathscr{T}_v|v;h_j)$ 的条件概率曲线图

从图 2-9 中可以发现,无论 r 的取值如何,投影的视觉词组距离峰值子空间越远,则该视觉词组越不可能是 VVP。这符合本书的理解,因为越与绝大部分视觉词组的几何变化不一致的视觉词组越有可能是 NVP。另外还可以发现,当子空间距离峰值子空间的距离大于 10 时,视觉词组属于 VVP 的概率几乎为 0。这与图 2-8 反映的事实一致,即 VVP 极少投影在距离峰值子空间距离大于 10 的子空间上。当将这一概率公式应用在式(2-18)中,距离较远的子空间的视觉词组的数量会被赋予一个较低的权重,表示大部分视觉词组应该被过滤。

2.5　实验结果与分析

本节在一些公共数据集上进行实验,针对不同的方法进行比较。由于所提的方法旨在通过引入几何约束信息改进物体检索模型中初排序的结果,因此,本节主要比较了 WGC、GVP、VPL 等模型,而其他致力于改善视觉词典的精度、重排序的有效性等工作不在比较范围之内。相信所提模型能够有效地与其他工作互补。

2.5.1　实现细节

1. 局部特征的编码

对所有的图像提取海森检测子(Hessian detector)[26]上的 RootSIFT[27] 特征。

海森检测子返回的每个点的尺度和旋转信息直接作为特征点的尺度和主方向。每个点的坐标通过用图像的长和宽做归一化后,作为特征点的坐标,即

$$\widetilde{p_x(x_l)} = \frac{p_x(x_i)}{H}$$

$$\widetilde{p_y(x_l)} = \frac{p_y(x_i)}{W} \tag{2-21}$$

用 Oxford5K 数据集上提取到的特征点作为训练集,用近似 k 均值(AKM)[28]聚类算法训练了大小为 100 万的视觉词典。对于所有图像中的局部特征,采用软编码进行量化[29],编码长度取为 3。具体来说,每一个局部特征 $\boldsymbol{x}$ 同时量化到最近的 3 个视觉单词上,每一个被量化到的视觉单词都赋予一个[0,1]之间的权重

$$w_i(x) = \frac{\exp\left(-\frac{\|\boldsymbol{x}-\boldsymbol{c}_i\|_2}{2\sigma^2}\right)}{\sum_{j=1}^{3}\exp\left(-\frac{\|\boldsymbol{x}-\boldsymbol{c}_j\|_2}{2\sigma^2}\right)} \tag{2-22}$$

式中,$\{\boldsymbol{c}_i\}_{i=1}^{3}$是 $\boldsymbol{x}$ 的三邻域视觉单词。根据权重w_i,可以将式(2-6)中的相似度核函数 $\kappa(\cdot)$定义为相应权重的点积。

2. 系统实现

本书对编码后的视觉单词,建立了倒排索引方便数据的存储和访问。倒排索引的结构如图 2-10 所示。倒排索引一共包含 100 万个倒排列表,每个列表后存储所有量化到各个视觉单词的特征点的关键值信息。这些关键值信息列于表 2-2 中。所有的实验都在 Dell R710 服务器上完成,配置为 2.40 GHz 的 8 核 CPU 和 48 GB 的内存。

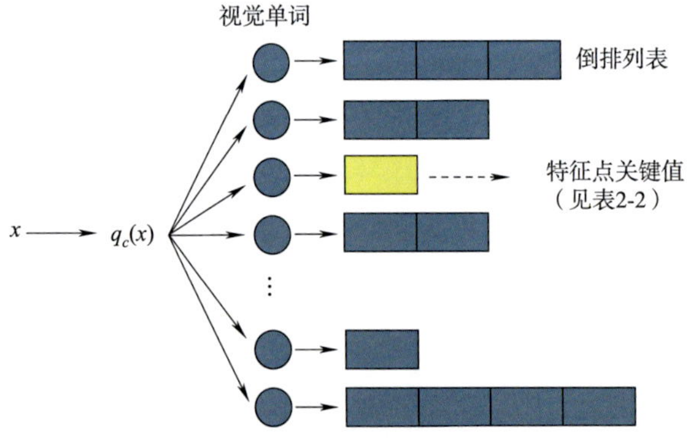

图 2-10　贝叶斯池化模型中的倒排索引示意图

表 2-2　倒排索引中特征点关键值主要信息

内　容	长度/bit	数据类型	备　注
(a)图像编号	32	整型	
(b)特征点权重	32	浮点	
(c)特征点坐标	64	浮点	
(d)特征点尺度	32	浮点	可选
(e)特征点主方向	32	浮点	可选

2.5.2　参数影响

本节通过调整模型中涉及的主要参数,分析其中参数对检索性能的影响。由于真实的搜索场景中,检索系统仅能根据一些不完整的现有数据进行参数调优。当参数确定,搜索引擎上线后,还会不断地有数据加入索引数据库中。为了模拟真实的搜索场景,本节仅仅在几个小规模的数据集上进行参数调优和分析(Oxford5K、Paris6K、Holidays),并将调优后的参数应用在更大规模的物体检索系统中,以验证参数的泛化性能和可扩展能力。

1. 偏移子空间的量化

假设将图像横纵坐标的偏移分别量化至Q_c个子空间中,将尺度的变化程度量化至Q_s个子空间中,角度的变化程度量化到Q_a个子空间中。直观上看,量化的子空间数目越多,几何约束信息的区分性就越高,但同时,视觉词组对于形变的抗干扰能力下降了。图 2-11 中反映了这三个参数在变化时对检索性能的影响。

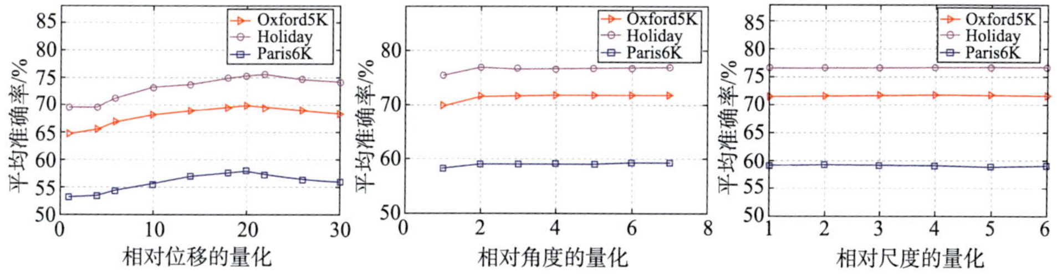

(a)相对位移的量化　(b)相对角度的量化　(c)相对尺度的量化

图 2-11　几何偏移空间的量化程度对检索性能的影响

从图 2-11(a)中可以看出,当Q_c的取值由小到大变化时,检索性能不断提高,直到达到峰值,然后单调下降。当Q_c取值为 20 时在三个标准测试集都达到接近最优的结果。其次,从图 2-11(b)中,可见当Q_a的取值从 1 增加到 2 时,检索性能有明显提高。当Q_a的取值继续变化时,检索性能接近稳定。从图 2-11(c)中可以发现,尺度信息的变化几乎不影响检索的准确率。

基于以上实验，可以得出结论，相对平移是定义视觉词组最重要的几何信息，其次是相对旋转。然而，尺度对于定义视觉词组来说并不是关键的信息。这可能是由于物体检测子的尺度定位能力不足造成的。因此，在本章的实验中，可以忽略尺度信息。具体来说，在本章剩余的实验都设置$Q_c=20$，$Q_a=2$和$Q_s=1$。

2. 视觉词组的长度 k

视觉词组的长度 k 直接决定了聚合函数的函数形式。如式(2-12)所示，一种典型的聚合函数是 $\sigma(u)=\binom{u}{k}$。当 k 的取值为1，聚合函数相当于简单的线性聚合[如式(2-10)]。当 k 增大时，能够引入更严格的几何约束，与此同时，较短的视觉词组(长度小于 k)会作为噪声忽略。可以通过调整 k 的大小观察 k 对检索性能的影响。如图2-12所示，$k=3$ 时效果最好。

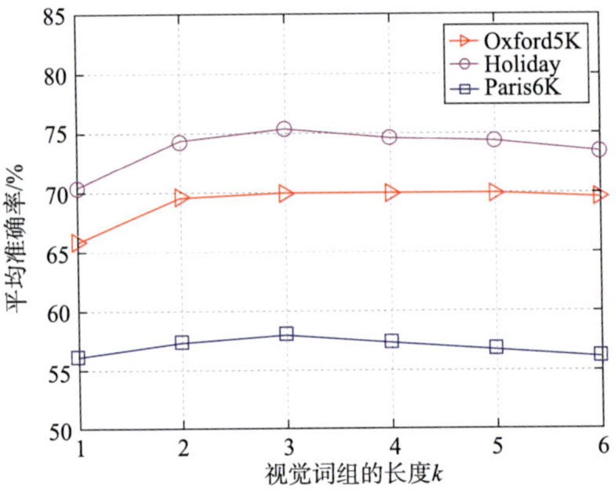

图2-12　视觉词组的长度 k 对检索性能的影响

3. 先验参数 r

先验参数反映了整个样本空间中NVP和VVP在数量上的比例。如图2-9所示，当 r 变化时，曲线的变化并不明显，特别当 $r>10$ 时，曲线几乎重合。通过图2-13可以看出，参数 r 对检索准确率的影响不太明显。因此，在本书中简单地取 $r=5$。

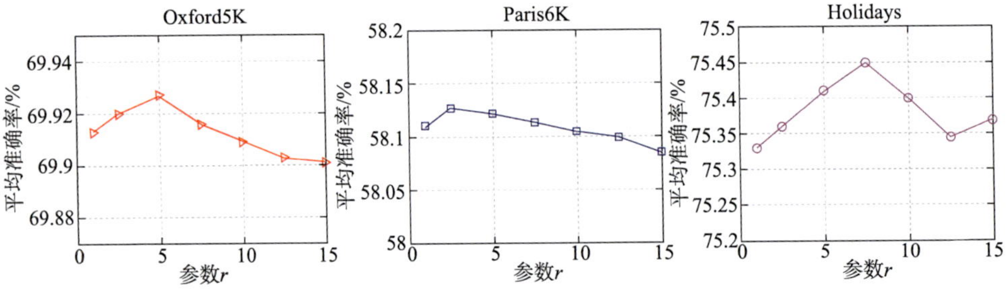

图2-13　参数 r 的变化对检索性能的影响

4. 不同视觉词典大小下的性能比较

图 2-14 ~ 图 2-16 展示了五类不同的算法在不同大小的视觉词典下对检索性能的影响。被比较的算法包括 BoW 基准、WGC、GVP、VPL 以及本书提出的贝叶斯池化模型。实验在 Oxford5K、Paris6K 和 Holidays 三个数据集上分别进行。可以发现,在较小的视觉词典下,贝叶斯池化模型对检索性能的提升更加明显。具体来说,5 万大小的视觉词典下,贝叶斯池化模型带来的相对性能提升在三个数据集上分别达到了 2.8%、4.0% 和 6.7%;而 100 万大小的视觉词典下,提高的相对准确率分别为 1.3%、3.5% 和 2.7%。这是由于在较小的视觉词典条件下,视觉单词更具有歧义性,所以产生的干扰匹配数量更多。贝叶斯池化模型在这样的条件下更具有优势。

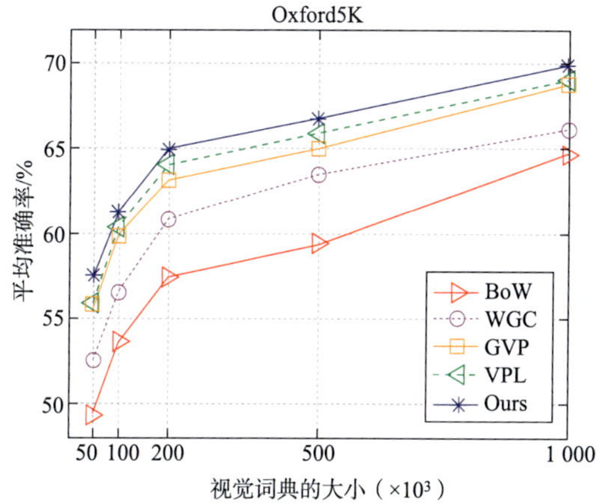

图 2-14　不同大小的视觉词典对不同算法在 Oxford5K 数据集上的性能比较

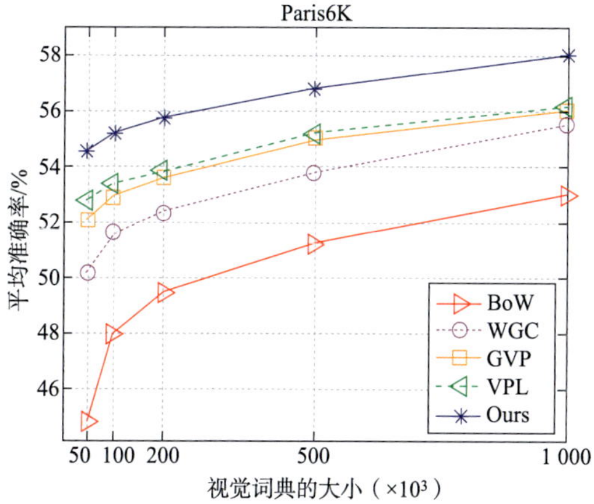

图 2-15　不同大小的视觉词典对不同算法在 Paris6K 数据集上的性能比较

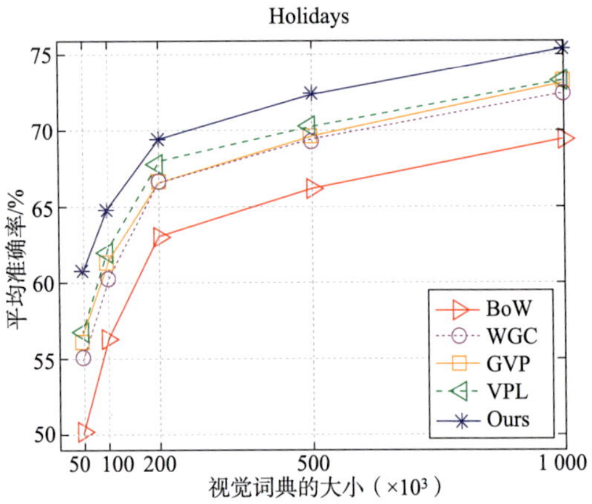

图 2-16　不同大小的视觉词典对不同算法在 Holidays 数据集上的性能比较

2.5.3　性能对比

1. 与其他基于视觉词组的算法比较

本节将贝叶斯池化算法与其他基于视觉词组的算法进行了比较。为了公平比较，被比较的方法都没有采用后处理进行结果优化。结果汇总在表 2-3 中。很明显，通过引入几何约束，搜索的性能得到了较大改善，并且贝叶斯池化算法在所有数据集上一致地高于其他算法。具体来说，在 Oxford5K、Paris6K 和 Holidays 数据集上，贝叶斯池化算法相对于最好的 VPL 模型取得了 1.3%、3.3% 和 2.7% 的相对提高，这证明了这一模型能够有效地过滤干扰匹配的视觉词组。

表 2-3　所提的方法和其他基于视觉词组的模型得分比较[30,31]

模　型	几何约束	Oxford5K	Oxford105K	Paris6K	Paris106K	Holidays
BoW	—	64.77	50.35	53.04	35.59	69.51
WGC	$\Delta s,\Delta a$	66.13	53.80	55.58	38.60	73.21
GVP	Δp	68.82	55.16	56.08	39.07	73.27
VPL	Δp	69.03	55.44	56.23	39.12	73.35
贝叶斯池化	Δp	69.91	58.02	58.11	41.63	75.34
	$\Delta a,\Delta p$	71.37	59.74	59.11	43.08	76.76

当数据集的规模增大时，贝叶斯池化算法取得的优势更加明显。这是因为在更大的数据集上，混淆匹配和突爆匹配更多。利用贝叶斯池化的优势，可以更明显地过滤这些干扰匹配的视觉词组，从而提高物体检索的准确率。这一实验结果证明了贝叶斯池化模型具有很好的扩展能力和泛化能力。

同时,可以注意到贝叶斯池化模型在 Oxford5K 上提升的性能最不明显。这是由于视觉词典是用 Oxford5K 的特征点学习而来的,Oxford5K 数据集上特征点在量化编码后最具有区分性。相反,Paris6K 和 Holidays 数据集由于在特征分布上与 Oxford5K 存在的差异,使得特征点在编码后存在更严重的歧义性,所以错误匹配的视觉词组更多。这一结果反映出在视觉词典是由较不相关的训练样本学习得到的条件下,贝叶斯池化模型具有明显的优势。

表 2-3 中还反映出 WGC 在 Holidays 数据集上与 GVP 和 VPL 的效果相当。原因在于 Holidays 数据集内出现了更多旋转变化。因此,角度是十分有效的空间信息,可以有效地提高检索性能。为了验证这一点,表 2-3 中展示了增加角度信息对提高检索性能的有效性,其中,Δp 代表相对位移, Δs 和 Δa 代表尺度和旋转变化。性能评价采用平均准确率(mAP)。最好的结果用粗体表示。

2. 时间有效性对比

本节将单词查询的平均时间列在表 2-4 中。对比于 WGC、GVP 和 VPL,本书提出的方法仅仅付出了很低的时间代价,就能明显地提高搜索的准确率。

表 2-4　本书的方法和其他模型的时间有效性比较

模　型		WGC	GVP	VPL	贝叶斯池化
检索时间/s	Oxford5K	0. 067	0. 067	0. 068	0. 068
	Oxford105K	1. 39	1. 46	1. 59	1. 68
	Paris6K	0. 082	0. 102	0. 096	0. 099
	Paris106K	1. 55	1. 76	1. 75	1. 81
	Holidays	0. 017	0. 015	0. 016	0. 019

2.5.4　可视化分析

图 2-17 展示了一次搜索的可视化结果,并与 GVP 和 VPL 进行直接对比。由图 2-17 可见,本书提出的算法效果最好。由于 VPL 忽略了有效的视觉词组对,导致一些形变较大的正样本被错误地排在噪声的后面,影响了结果的召回率。GVP 则没有处理好视觉词组的突爆现象。因此,在图 2-17 中,其中不同方法分别展示了前六名查询结果。正确的结果用绿色的矩形框标定,错误的结果用红色的矩形框标定。很明显,贝叶斯池化模型的效果最好。可以看到反复出现的格状纹理被多次统计,使得相似度虚高,导致排名靠前的搜索结果都是格状纹理较多的图案。

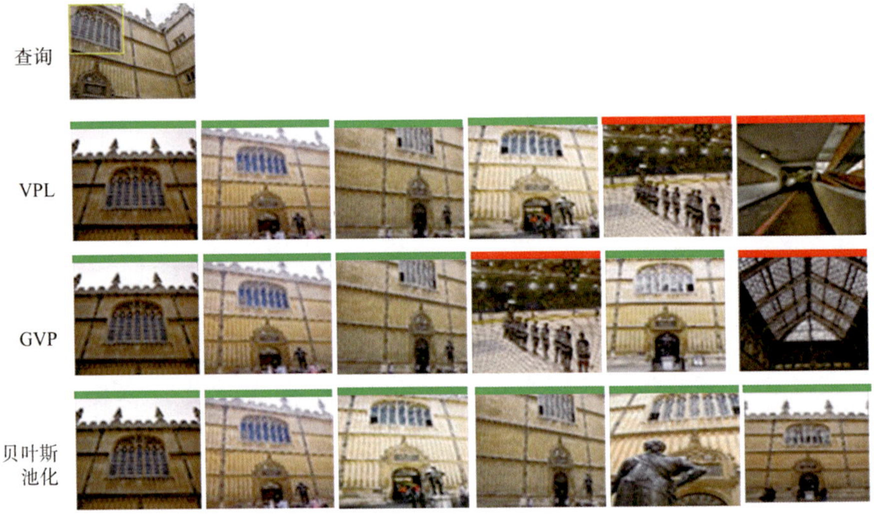

图 2-17 在 Oxford5K 数据集上不同算法的检索结果样例

小 结

本章重点研究如何利用视觉单词的空间上下文信息增强特征表示的独特性和健壮性,减少特征表示的语义鸿沟。主要工作包括:

(1)总结了一套基于视觉词组的图像检索的计算框架,并分析了常见的视觉词组匹配的类型。

(2)优化了视觉词组的定义方式,从而提高了视觉词组的区分性。具体地说,本章验证了不同几何约束对生成的视觉词组的健壮性影响,并保留最有区分性和互补的几何信息。同时,考察了不同的视觉单词上下文对生成视觉词组的影响。

(3)重点介绍了错误匹配的视觉词组中一种易被忽略的类型,即突爆匹配。同时,基于概率模型,提出了一种贝叶斯池化模型用于过滤突爆匹配,从而提供更好的相似性度量准则。视觉词组的突爆匹配现象还未在其他参考文献中被讨论过。

(4)在五个示例检索数据集中验证了所提方法的有效性。

不过,这一模型依然存在一些缺点。最主要的缺点在于基于局部特征点的词袋模型适用于描述纹理较丰富的目标。对于纹理不太丰富或较小的目标,由于提取的局部特征点数量少、区分性低,检索结果较差。在下一章中,将针对这一缺点,提出一种基于深度学习的模型进行示例检索。

参考文献

[1] SIVIC J, ZISSERMAN A. Video google: a text retrieval approach to object matching in videos[C]. IEEE Conference on Computer Vision and Pattern Recognition, 2003: 1470-1477.

[2] JIANG Y, MENG J, YUAN J. Grid-based local feature bundling for efficient object search and localization[C]. International Conference on Image Processing, 2011.

[3] ZHONG W, QIFA K, ISARD M, et al. Bundling features for large scale partial-duplicate web image search[C]. IEEE Conference on Computer Vision and Pattern Recognition, 2009: 25-32.

[4] ZHANG W, NGO C. Searching visual instances with topology checking and context modeling[C]. International Conference on Multimedia Retrieval, 2013.

[5] JUNSONG Y, YING W, MING Y. Discovery of collocation patterns: from visual words to visual phrases[C]. IEEE Conference on Computer Vision and Pattern Recognition, 2007.

[6] ZHANG Y, CHEN T. Weakly supervised object recognition and localization with invariant high order features[C]. British Machine Vision Conference, 2010.

[7] ZHAO W, WU X, NGO C. On the annotation of web videos by efficient near-duplicate search[J]. IEEE Transactions on Multimedia, 2010, 12(5): 448-461.

[8] FISCHLER M A, BOLLES R C. Random sample consensus[J]. Communications of the ACM, 1981, 24(6): 381-395.

[9] LAZEBNIK S, SCHMID C, PONCE J. Beyond bags of features: spatial pyramid matching for recognizing natural scene categories[C]. IEEE Conference on Computer Vision and Pattern Recognition, 2006: 2169-2178.

[10] CAO Y, WANG C, LI Z, et al. Spatial-bag-of-features[C]. IEEE Conference on Computer Vision and Pattern Recognition, 2010: 3352-3359.

[11] WU Z, KE Q, ISARD M, et al. Bundling features for large scale partial-duplicate web image search[C]. IEEE Conference on Computer Vision and Pattern Recognition, 2009.

[12] JIANG Y, MENG J, YUAN J, et al. Randomized spatial context for object search[J]. IEEE Transactions on Image Processing, 2015, 24(6): 1748-1762.

[13] JEGOU H, DOUZE M, SCHMID C. Hamming embedding and weak geometric consistency for large scale image search[C]. European Conference on Computer Vision, 2008.

[14] ZHANG Y, JIA Z, CHEN T. Image retrieval with geometry-preserving visual phrases[C]. IEEE Conference on Computer Vision and Pattern Recognition, 2011.

[15] ZHENG L, WANG S. Visual phraselet: refining spatial constraints for large scale image search [J]. IEEE Signal Processing Letters, 2013, 20(4): 391-394.

[16] ZHANG S, TIAN Q, HUANG Q, et al. Embedding multi-order spatial clues for scalable visual matching and retrieval[J]. IEEE Journal on Emerging and Selected Topics in Circuits and Systems, 2014, 4(1): 130-141.

[17] SHI M, AVRITHIS Y, JÉGOU H. Early burst detection for memory-efficient image retrieval [C].

IEEE Conference on Computer Vision and Pattern Recognition, 2015: 605-613.

[18]JEGOU H, DOUZE M, SCHMID C. On the burstiness of visual elements[C]. IEEE Conference on Computer Vision and Pattern Recognition, 2009: 1169-1176.

[19]ZHENG L, WANG S, LIU Z, et al. Ieee, 2013. Lp-Norm IDF for large scale image search[C]. IEEE Conference on Computer Vision and Pattern Recognition, 2013: 1626-1633.

[20]MURATA M, NAGANO H, MEMBER S, et al. BM25 with exponential IDF for instance search [J]. IEEE Transactions on Multimedia, 2014, 16(6): 1690-1699.

[21]WANG X, YANG M, COUR T, et al. Ieee, 2011. Contextual weighting for vocabulary tree based image retrieval[C]. IEEE International Conference on Computer Vision, 2011: 209-216.

[22]JÉGOU H, CHUM O. Negative evidences and co-occurences in image retrieval: the benefit of PCA and whitening[C]. European Conference on Computer Vision(ECCV), 2012: 774-787.

[23]MURPHY K P. Machine learning: a Probabilistic perspective[M]. Cambridge: MIT Press, 2012.

[24]QIN D, WENGERT C, GOOL LV. Query adaptive similarity for large scale object retrieval[C]. IEEE Conference on Computer Vision and Pattern Recognition, 2013: 1610-1617.

[25]NISTER D, STEWENIUS H. Scalable recognition with a vocabulary tree[C]. IEEE Conference on Computer Vision and Pattern Recognition, 2006: 1-8.

[26]BAY H, TUYTELAARS T, GOOL L V. SURF: speeded up robust features[C]. European Conference on Computer Vision, 2006.

[27] ARANDJELOVI R, ZISSERMAN A. Three things everyone should know to improve object retrieval[C]. IEEE Conference on Computer Vision and Pattern Recognition, 2012.

[28]PHILBIN J, CHUM O, ISARD M, et al. Object retrieval with large vocabularies and fast spatial matching[C]. IEEE Conference on Computer Vision and Pattern Recognition, 2007: 1-8.

[29] PHILBIN J, CHUM O, ISARD M, et al. Lost in quantization: improving particular object retrieval in large scale image databases[C]. IEEE Conference on Computer Vision and Pattern Recognition, 2008: 1-8.

[30]JEGOU H, DOUZE M, SCHMID C. Hamming embedding and weak geometric consistency for large scale image search[C]. European Conference on Computer Vision, 2008: 304-317.

[31]ZHANG Y, JIA Z, CHEN T. Image retrieval with geometry-preserving visual phrases[C]. IEEE Conference on Computer Vision and Pattern Recognition, 2011: 809-816.

第 3 章 位置对齐的深度示例检索模型

深度神经网络由于借鉴了人脑分层的工作机制，近年来受到了越来越多的关注，并在多项计算机视觉任务中取得了优秀的性能。本章提出了一个位置对齐的深度示例检索模型(a locality aligned deep model for instance search，ALADDIN)。该模型中，针对示例检索的查询敏感的空间位置关联性问题，提出了一种空间位置对齐的分析模型。同时，提出了一种基于排序的深度神经网络结构，建模物体在不同层次上的差异性，提高了特征表示的区分性。为了训练这一深度神经网络，提出了一种半监督的训练样本收集策略。该策略不需要将查询物体作为先验已知，并且极大地减少了人工收集训练样本的复杂度。在 Oxford5K、Paris6K 和 Sculpture 数据集上进行测试，并与当前最好的一些单模型算法进行比较，实验结果表示这一方法在三个数据集上均取得了优秀的性能。

3.1 示例检索的研究现状

目前大多数物体检索模型主要基于局部特征[1]和视觉词袋模型[2]。尽管这些基于局部特征的方法在一些特定目标的搜索任务上取得了较好的效果，然而由于局部特征(如 SIFT)是人工调制的，特征设计的区分能力和健壮性有限，造成了物体检索的性能瓶颈。另外，虽然对于纹理丰富的查询图片，例如建筑物和风景照，基于局部特征的模型能够取得较好的性能，但是特征点的方法(如 Hessian affine)对于光滑的物体定位不准。同时，局部特征对于小物体的描述能力不足。因此基于局部特征的词袋模型不适用于这些场景。

与此同时，深度神经网络模型已经大规模地应用在计算机视觉任务中。

2012 年,Alex 提出了八层神经网络模型[3],在当年的 ILSVRC 图像分类项目上取得了第一名。在接下来的几年内,研究者们不断地将深度卷积网络应用在各大计算机视觉任务中,如物体检测[4]、语义分割[5]、视频分类[6]、场景分类[7]、细粒度的图像分类[8]、视觉问答[9]等。深度神经网络取得成功主要有两方面原因。一方面,并行计算的硬件设备(如 GPU)的发展克服了深度模型的计算瓶颈。另一方面,互联网的发展使得各类任务都能获取大规模相关的标注数据。然而,尚没有高效的算法成功应用在示例级的物体检索任务中。

示例检索与其他计算机视觉任务相比,最大的区别在于示例在不同层次上存在不同程度的差异性。除了不同类的物体之间存在类别表象变化之外,同类别的不同物体之间也存在个体表象变化。然而,目前可获取的图像标注都不能完整地表现图像在多个层次下的视觉差异性。除此之外,示例检索具有较强的空间敏感性,目前的深度神经网络还不能高效地进行查询敏感的有限空间窗口分析。

本章旨在借助深度卷积网络对图像健壮的表示能力,提高示例检索的准确率。具体来说,着重解决了以下三大主要问题:

(1)当对图像用深度神经网络进行特征表示时,如何建立具有空间属性的训练与分析模型,并进行具有强时效性和位置关联性的示例级匹配与分析。

(2)如何设计深度神经网络能够完整地建立图像多层次不同程度的差异性。

(3)如何收集最相关的训练样本集以训练深度神经网络。训练样本对有效地训练神经网络十分重要,然而针对示例检索问题,合适的标注样本极少。

为了解决以上几个问题,本章提出了一个位置对齐的深度示例检索模型(ALADDIN)。该模型基于似物性采样,将对图像的搜索过程转化为对包含目标的候选区域的匹配,从而使检索模型具有空间敏感性。同时,基于排序学习提高物体特征表示的区分性。在 Oxford5K、Paris6K 以及更有挑战性的 Sculpture 等数据集的实验结果表明,该模型极大地提高了示例检索的准确性。

3.2 示例检索有关的技术发展

3.2.1 深度卷积网络

深度学习是近年来机器学习领域的突破性技术。这一概念最早在 2006 年由 Geoff Hinton[10]取得突破性进展。Hinton 针对深度神经网络难以训练的问题,采用逐层无监督预训练与参数微调相结合的方式实现了对多隐层神经网络的训练。从此之后,深度学习技术受到了更加广泛的关注,并陆续在语音、图像等多媒体应用中取得显著成效。2009 年,基于深度学习技术的算法在语音识别竞赛中取得第一名[11],并随后移植到谷歌的安卓系统中实现技术落地。2012 年,深度卷积网络赢得了 ILSVRC 图像分类竞赛的第一名,分类错误率从 26% 下降到 15%。2016 年,这一错误率进一步下降到 5% [12],超过了人类的识别水平。

典型的深度学习模型包括多层感知机(MLP)、深度置信网络(DBN)、栈式自编码网络(SAE)、卷积神经网络(CNN)等。其中应用在图像任务中最广泛的模型是卷积神经网络。

卷积神经网络的功能层由若干不同类型的神经元构成,如卷积神经元、池化神经元、非线性激活神经元等。不同类型的神经元可以作为网络的隐含单元,对输入图像信号进行复合处理,从而完成对图像纹理的组合、编码和特征提取。在较低的层次上,神经元的作用范围通常只有一块较小的感受野,因此只能建模较低级的语义特征,如颜色、纹理、边缘等。随着网络层次加深,神经元的感受野逐渐变大,对原始图像像素的建模能力更加复杂,从而能够描述更加复杂的高层语义概念,如物体的部件、属性、类别等。理论上,当神经网络的功能层和每层的神经元数量足够多时,网络有能力建模任意复杂的视觉概念。在利用监督信息(如类别信息)训练深度神经网络时,通过随机梯度下降和反向传播法则,网络的神经元参数不断得以更新,训练集的误差不断降低。同时,由于网络中 Dropout 层[13]、批归一化[14]和规则化项的作用,经过大规模数据集训练的神经网络具有一定的泛化能力,即神经元学习到的参数能够表征图像中具有判别性的视觉语义。因此,深度神经网络可以取得比人工设计的特征更好的特征表示能力。

3.2.2　基于深度卷积网络的示例检索

Jeff Donahue 等[15]首先发现 AlexNet 利用 ILSVRC 图像分类任务训练后的模型可以作为深度特征提取器。该模型提取的图像特征(以下简称深度特征)具有一定的语义区分性,并能够泛化到诸多计算机视觉的任务中,从而能够代替人工特征模型进行图像的特征描述。基于这一发现,一些工作利用深度特征实现示例检索。例如,Gong 等[16]提出对图像进行空间金字塔分块,并对每一图像子块提取深度特征,通过 VLAD 编码形成图像的全局特征表示,用于基于内容的图像检索。相似地,Ali 等[17]提出将查询图像和数据集图像都进行固定尺寸的分块,通过对所有子块的深度特征进行相似性度量,决定查询图像与数据集图像之间的相似度。同期的工作中,Jegou 等[18]提出了 R-MAC 模型,利用多尺度均匀采样的方法提取数据集图像中的子区域,再通过积分图快速计算每一个候选区域的深度特征,最后通过平均池化聚合图像级的深度特征,用于图像匹配。然而,对图像固定分块缺少对平移和尺度变化的健壮性。另外,将区域级的特征聚合为图像级的特征引入了背景噪声,降低了检索结果的准确率。Ng 等[19]提取深度神经网络的卷积层特征作为图像的密集局部特征,代替传统的 SIFT 描述子。通过视觉词袋模型进行建模,形成图像的特征表示。然而,由于密集局部特征不具有对图像关键区域的定位能力,因此表现的结果并不理想。

深度特征具有一个严重的缺点,即没有能力反映目标个体表象的差异。这是由于 ILSVRC 分类问题的目标是使深度网络模型具有类间区分性,从而学习的深度特征忽略了同一类别不同个体的视觉差异性。这一缺陷极大地约束了深度神经网络在示例检索任务中的应用。Wang 和 Wan[20]的工作证明了在提供区分示例表象差异性的标注样本的前提下,卷积神经网络能够对基于内容的图像检索任务(CBIR)产生很好的效果。然而,在他们的模型中,要求事先收集大规模与查询示例有关的训练样本。这与示例检索任务中不对查询物体做任何假设的条件不相符。另外,这些模型没有考虑示例检索问题的空间敏感性。

3.3 模型整体结构

基于位置对齐的深度物体检索,模型基本框架如图 3-1 所示。由于当前的深度模型不能够高效地进行查询敏感的有限空间窗口分析,本书采用似物性采样的方法(object proposal)将可能是查询物体的位置确定在一些候选区域内。这一分解操作可记为

$$\boldsymbol{I} \rightarrow \{R_1, ..., R_k\}$$

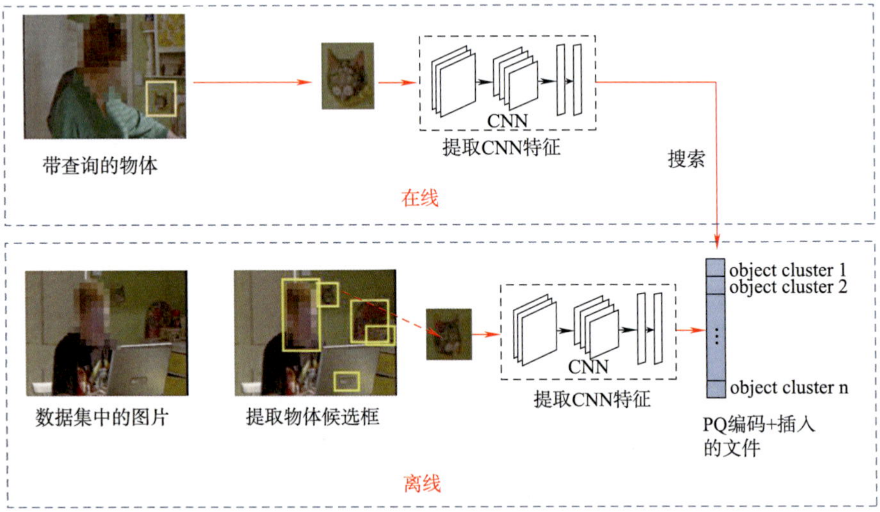

图 3-1 基于位置对齐的深度物体检索模型基本框架

这样,对于数据集中包含查询物体的图片,至少有一个候选区域近似完整地描述了查询物体。于是,对数据集中图像的搜索能够转化为对每一个候选区域的匹配,从而使检索模型具有空间敏感性。本书把这一过程称为位置对齐。为了学习到候选区域之间有区分性的特征表示,本书设计了一个深度神经网络模型。并且提出了一个半监督的方法收集相关的训练样本以学习这一模型。

对每个候选区域遍历匹配极大地增加了检索时间和对存储的需求。为了解决这一问题,本书将每个特征向量进行级联量化编码(product quantization,PQ)[21]。这样,查询目标的特征向量和每一个编码后的特征向量可以通过一张查找表(look-up table)快速地计算。另外,本书设计了一套有效的倒排表对编码后的特征向量进行高效的存储和索引。

3.4　似物性采样

似物性采样是指定位图像中与类别无关的物体的技术方法。这一技术不区分动物、建筑、汽车、人的类别,而将所有广义的物体都归类为前景。物体的最大特点是具有完整闭合的外轮廓。相比之下,背景却是杂乱无章的。根据这一特点,可以利用边缘、轮廓、超像素、显著性等底层特征作为特征表示,设计似物性采样算法。在示例检索任务中,本书期望似物性采样算法具有以下优点:

(1)召回率高:提取的候选物体区域覆盖尽可能多的实际目标。

(2)定位准确:提取的候选物体区域与实际目标区域的交并比尽可能高。

(3)数量少:提取的候选物体区域的误检少。

(4)时效性高:算法的检测速度快。

(5)泛化性强:考虑到示例检索的实际应用场景,算法应能够采样到所有可能的物体,特别是训练集中没有出现过的物体。

常用的一般物体检测器包括选择性搜索(selective search)[22]、边缘框(EdgeBox)[23]、二值化梯度(BING)[24]等。Hosang 等[25]对似物性采样的常用算法进行过总结。综合考虑现有的似物性采样方法,本工作采用 EdgeBox 对目标物体进行位置对齐。

EdgeBox 的核心原理是检测图像中的短轮廓,并根据矩形框中完整包含的短轮廓的数量决定该矩形框包含物体的概率。借助积分图,EdgeBox 可以实现对图像候选物体的快速定位,且具有召回率高、定位准等优点。值得一提的是,EdgeBox 的学习完全是无监督的,因此不需要指定训练样本。模型具有很强的泛化能力。

通过 EdgeBox 的分解,每幅图像大约能够产生 2 000 个候选区域。然而,通过对候选区域的观察可以发现,由于轮廓检测算法的局限性,部分虚检区域的纹理信息较少,颜色变化不明显。如图 3-2 所示,这些虚检容易出现在图像中较明或较暗的区域。依据这一发现，本书设计了一个简单的候选区域过滤算法。具体地说，针对每一块候选区域b_i，分别提取纹理特征图（逐像素梯度的幅值）和颜色特征图（逐像素的色度分量），并计算区域内纹理和颜色的方差 $\mathrm{var}(t_i)$ 和 $\mathrm{var}(h_i)$。为了保证物体候选区域集合具有较高的查全率，简单地对 $\mathrm{var}(t_i)$ 和 $\mathrm{var}(h_i)$ 设阈值，对所有返回的检测结果进行粗过滤。通过这一简单的后处理，候选区域的总数有效地减少了 10%，并且候选物体的召回率没有受到影响。

图 3-2　EdgeBox 的虚检示例

3.5　基于排序学习的深度特征学习模型

3.5.1　模型结构

本章设计了一种深度神经网络用来对位置对齐的物体区域学习具有区分性的特征。在分类问题上预训练的深度特征模型不能反映物体的类内差异性，因此深度特征并不适合示例检索。为了提高神经网络在示例检索任务上的性能，本书还训练了一个具有示例级区分性的深度卷积网络。具体来说，该模型将图像中每个候选区域投影到一个新的特征空间中。在这个特征空间里，描述同一物体的图像区域之间的距离更加接近，而描述不同物体的图像区域之间的距离更远。

基于排序学习的深度特征学习模型示意图如图 3-3 所示。模型采用的主干网络是 AlexNet，主要包含了五层卷积层和三层全连接层。将原始网络中的最后一层全连接层移除，使得主干网络输入图像 I，输出图像的 4 096 维特征向量$\boldsymbol{\varphi}_7(I)$。网络以图像区域的一组三元组$T_i=\{Q,P,N\}$作为输入。在这个三元组中，$\{Q,P\}$表示的是一对包含同一物体的两块图像区域，而$\{Q,N\}$表示的是一对包含不同物体的两块图像区域。一些简单的示例如图 3-4 所示，这里共展示了三组三元组，每组均按照 $Q-P-N$ 顺序排列。这个三元组实际表示的是一个以 Q 为查询、长度为 2

的排序结果。其中 P 是排序靠前的结果，而 N 是排序靠后的结果。这一排序结构为深度神经网络提供了更灵活的监督信息。N 既可以与 Q 属于同一类别下的不同物体，也可以与 Q 属于不同类别。因此，三元组作为训练样本可以同时反映不同层次下个体的视觉差异。为了让模型学习到这种视觉差异，定义了一个基于排序学习的目标函数。该目标函数使得相同的物体（Q 与 P）在特征空间中的距离比不相同的物体（Q 和 N）之间的距离至少短于一个单位间隔。这一作用的效果如图 3-5 所示，其中 $\{Q,P,N\}$ 代表一组三元组。黄色虚线的圆代表特征空间中相对于 Q 相同距离的范围。圆外的距离大于圆的半径。γ 是预设的最小间隔。数学上，这一损失函数可以正式地写为

$$\mathscr{L}(T) = \frac{1}{M}\sum_{i=1}^{M} \max\{0, \gamma - \mathrm{sim}(Q_i, P_i) + \mathrm{sim}(Q_i, N_i)\} \tag{3-1}$$

式中，γ 为一个预设的最小间隔，通常设置为 1；sim（·）是两块图像区域在特征空间中的相似度核函数，定义为

$$\mathrm{sim}(X,Y) = \frac{<\boldsymbol{\varphi}_7(X), \boldsymbol{\varphi}_7(Y)>}{\|\boldsymbol{\varphi}_7(X)\|_2 \|\boldsymbol{\varphi}_7(Y)\|_2} \tag{3-2}$$

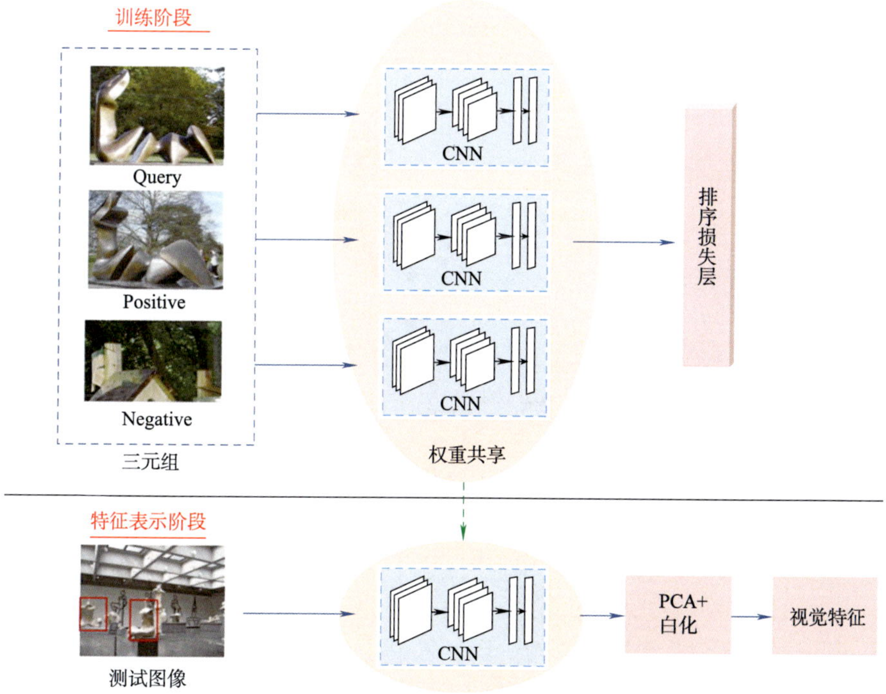

图 3-3　基于排序学习的深度特征学习模型示意图

图 3-4　三元组训练样本示例

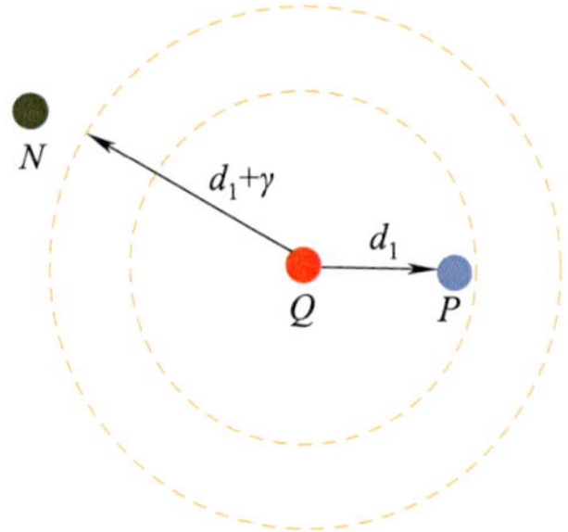

图 3-5　排序学习的可视化效果

3.5.2　模型训练

为了方便模型的设计，将三元组中的元素分别输入三个标准的主干网络。这三个主干网络在训练时共享参数。利用 AlexNet 在 ILSVRC 分类任务数据集上预训练的模型作为主干网络的初始化参数，然后用三元组数据集对网络进行调优。用 $\boldsymbol{\theta}$ 表示神经模型的参数向量，则模型的目标为最小化以下目标函数

$$f(\boldsymbol{\theta}) = \mathscr{L}(T;\boldsymbol{\theta}) + \lambda r(\boldsymbol{\theta}) \tag{3-3}$$

式中，λ 为正则化项系数；$r(\boldsymbol{\theta})$ 为模型的正则化项。本书采用标准的 L2 正则化。

模型的优化采用随机梯度下降法（SGD），并借助动量加速模型的收敛。具体来说，每一次优化的迭代时参数的更新方式为

$$\begin{aligned} z^{k+1} &= \beta z^k + \nabla f(\boldsymbol{\theta}^k) \\ \boldsymbol{\theta}^{k+1} &= \boldsymbol{\theta}^k - \alpha z^k \end{aligned} \tag{3-4}$$

式中，β 为动量的权重，决定了梯度的记忆长度；α 为学习率，决定了模型的更新速度。

3.5.3　特征提取

模型训练结束后，提取模型的深度特征作为物体区域的特征表示。特别地，为了保证深度特征的泛化能力较强，提取训练后网络第一层全连接层（FC6）的输出作为深度特征，对所有的区域进行特征表示。由于一幅图像中所有的候选区域共享相同的卷积层特征图，因此，每块候选区域通过 ROI 池化后只需分别经过全连接操作，这能极大地节省计算量。这一加速的特征提取方法流程如图 3-6 所示。

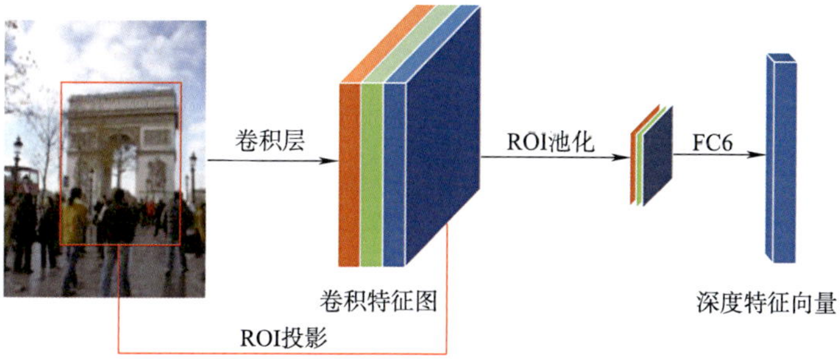

图 3-6　深度特征提取的流程图

3.6　半监督的训练数据收集策略

与大多数深度学习的问题相似，除了网络的设计以外，另一个重要的问题是收集与任务相关的数据集（样本和标注）。在示例检索的任务中，希望能够收集一组描述物体之间相似性关系的三元组，从而进行网络训练和调优。出于这个目的，本书设计了一种半监督的方法收集相关的三元组。理想情况下，选取的三元组应具有以下性质：

（1）三元组应具有较高区分性：尽管实际可能组成的三元组数量众多，但是希望采样其中最具有区分性的样本用于训练。

（2）标注三元组所需的人力成本尽可能少。

为了实现第一个性质，本书设计了一种挖掘难样本（hard example mining）的策略。由 3.4 节所介绍，所提出的模型在 ILSVRC 分类任务预训练的模型之上进行调优。因此可以定义难样本为预训练的深度特征不能够正确地对 P 和 N 排序的三元组。换而言之，对于预训练的深度特征，如果存在

$$\mathrm{sim}(q_i, n_i) < \mathrm{sim}(q_i, p_i) \tag{3-5}$$

则认为这样的 $\{Q, P, N\}$ 是一组难样本。基于这一定义，本书通过以下四个步骤收

集难样本：

（1）对于数据集中的所有候选区域，根据 EdgeBox 算法返回的每个候选区域的置信度得分，选取 2 000 块最有可能包含物体的区域。在这些区域中，明显的误检被人工快速过滤。剩余的区域设置为种子区域。

（2）利用 ILSVRC 预训练的深度特征，对每一块种子区域 S 搜索最匹配的物体区域，并根据相似度返回一个排序结果。将前 50 块返回的区域视为深度特征选做匹配的正样本，并将其列为候选集合。

（3）验证候选区域的正确性。利用人工特征模型对候选集合中的每块区域逐一验证。具体来说，提取图像的 BoW 特征和 BoB 特征[26]，将每块区域与种子区域进行特征点匹配，并且用 RANSAC[27] 对匹配的特征点进行验证。当 RANSAC 匹配通过的特征点对超过 50%时，认为该候选区域与种子区域描述了同一物体，并把这些区域连同种子区域作为正样本集合 C_p。当 RANSAC 匹配通过的特征点对少于 30% 时，认为候选区域与种子区域描述了不同物体，并把这些区域列为负样本集合 C_n。负样本集合 C_n 中的每块区域都是被深度特征误判决为正样本的，所以这些负样本的集合具有很强的区分性。值得注意的是，对于每一块种子区域，都能产生一个正样本集合和负样本集合。这一分组过程如图 3-7 所示，验证为正确的区域呈现为绿色的矩形框，错误的区域则呈现为红色的矩形框。

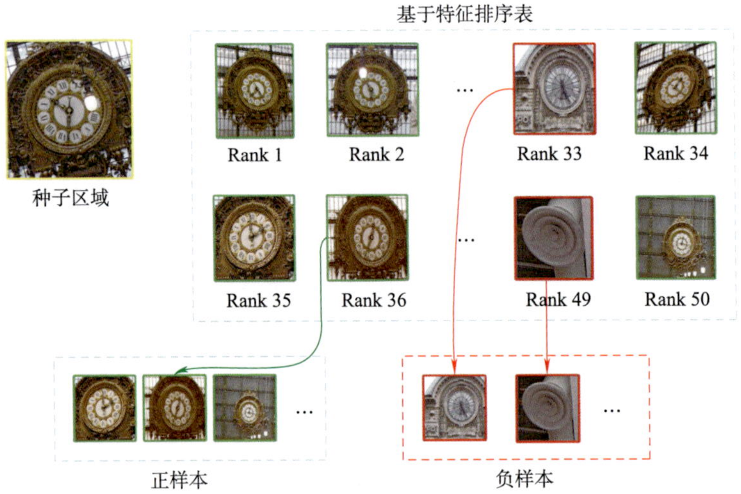

图 3-7　收集最相关的训练样本的示例图

（4）对于每个种子区域产生的 C_p 和 C_n，将 C_p 随机分为两部分，其中一部分作为查询集合，另一部分作为正样本集合。将 C_n 作为负样本集合。通过对三个集合中的样本进行任意的采样和组合，能够形成一个大规模的三元组样本集。最后从中随机采样 50 万个三元组作为训练集。

3.7　搜索与排序

3.7.1　级联量化编码

如 3.5 节描述,本书提取训练后网络第一层全连接层(FC6)的输出作为深度特征,对所有的区域进行特征表示,全连接层输出的特征向量是 4 096 维的。由于每幅图像被分解为近 2 000 块候选区域,且特征向量维数高,直接按照原始特征向量在候选区域的集合中对查询图像进行逐一的相似度匹配计算量太大,无法满足实时性。为了解决这一问题,本书采用级联量化编码(PQ)对特征进行压缩和存储。

级联量化编码的核心思想是将特征空间分解为多个特征子空间的笛卡儿积,然后对每个子空间分别量化,从而将一个特征向量编码为多个子空间短码的级联。级联量化编码的优点是只需要少量的样本训练量化器,就可以表示大量有区分性的距离。这样,对于大规模数据集中的特征向量进行管理时,只需要在内存中存储其编码值,不需要存储原始向量就能有效地度量查询与数据集中特征向量的近似距离。

具体来说,PQ 将 D 维的输入向量 $\boldsymbol{x}$ 等分成 m 个不同的子向量 $\boldsymbol{u}_j$,其中 $\boldsymbol{u}_j$ 是一个 $D^*=\dfrac{D}{m}$ 维的子向量。因此,特征向量进行了如下分解:

$$\underbrace{x_1,\ldots x_{D^*}}_{\boldsymbol{u}_1(x)},\ldots,\underbrace{x_{D-D^*+1},\ldots,x_D}_{\boldsymbol{u}_m(x)}$$

对每一个子向量 $\boldsymbol{u}_j$,训练 m 个不同的量化器 $q_j(\boldsymbol{u}_j)$ 分别进行编码。输入特征向量可以编码为

$$\boldsymbol{x}\to q_f(\boldsymbol{x})=q_1(\boldsymbol{u}_1(\boldsymbol{x})),\ldots,q_m(\boldsymbol{u}_m(\boldsymbol{x})) \tag{3-6}$$

式中,$q_f(\cdot)$ 为 PQ 编码器。对特征向量 $\boldsymbol{x}$ 的编码等效于将每个子向量编码值的级联。每一个量化器 $q_j(\boldsymbol{u}_j)$ 是一个大小为 k^* 的视觉词典 C_j。因此,PQ 量化器通过训练 $m\times k^*$ 个量化中心来表示 $k=(k^*)^m$ 个不同的距离。

当数据集中的每个特征向量经过 PQ 编码后,查询图像的特征向量 $\boldsymbol{y}$ 与 $\boldsymbol{x}$ 的距离可以计算为

$$d(\boldsymbol{y},\boldsymbol{x})\approx d(\boldsymbol{y},q(\boldsymbol{x}))=\{\sum_{j=1}^{m}[\boldsymbol{u}_j(\boldsymbol{y})-q_j(\boldsymbol{u}_j(\boldsymbol{x}))]^2\}^{1/2} \tag{3-7}$$

式中,$q_j(\boldsymbol{u}_j(\boldsymbol{x}))$ 为视觉词典 C_j 的一个中心;$\boldsymbol{u}_j(\boldsymbol{y})$ 与其的相对距离在进行搜索之前可以先计算,从而减少与每个 $\boldsymbol{x}$ 计算距离时产生的重复计算。

本书将 4 096 维向量通过 PCA 进行降维,降维后的特征向量为 512 维。同时,按照图像检索的一般标准,对降维后的特征向量进行白化操作,并记为 $\boldsymbol{x}$。为了对

512 维的特征向量进行 PQ 编码,首先设计一个粗量化器。该粗量化器是一个用标准的 k 均值聚类算法训练的大小为 5 000 的视觉词典 C。特征向量 $\boldsymbol{x}$ 经过粗量化器 $q_c(\cdot)$ 寻找到与其距离最近的视觉单词中心 c_j,并计算向量与该中心的残差

$$r(x)=x-c_j \tag{3-8}$$

接着,PQ 量化器根据残差向量进行编码。具体来说,将把 512 维的残差向量分成 16 组,每组是长为 32 维的子向量。每个子向量用 k 均值聚类训练大小为 256 的视觉词典,于是,每个子向量可以用 8 比特的子向量进行编码,这样编码原始特征向量只需要 128 bit,极大地减少了存储需求。

3.7.2 索引结构

通过粗量化器建立每个候选区域的倒排索引。用于基于位置对齐的深度物体检索模型的倒排索引示意图如图 3-8 所示。倒排索引一共包含 5 000 个倒排列表,每个列表后存储量化到每个视觉单词的所有候选区域的关键值信息。关键值包括每个候选区域和对应的原始图像的重要信息,以及候选区域深度特征的 PQ 编码。这些关键值信息列于表 3-1 中。

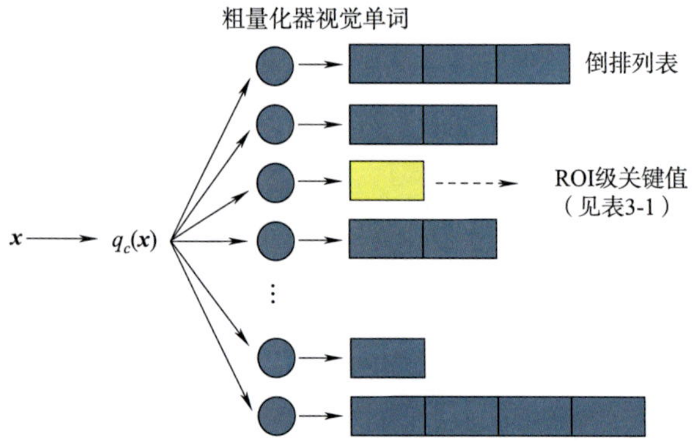

图 3-8　用于基于位置对齐的深度物体检索模型的倒排索引示意图

表 3-1　倒排索引中区域级关键值主要信息

内　　容	长度/bit	备　　注
图像编号	32	
ROI 编号	32	可选
ROI 坐标	128	可选
PQ 编码	128	

这样,假设一幅图像提取了 2 000 个候选区域,则一幅图像在倒排索引中占用的存储量约为 64 KB。当返回结果不需要在图中给出目标的准确位置时,ROI 编号

和 ROI 坐标可以不用保存至倒排列表中，这时，存储的有效性将提高一倍。

3.7.3 在线查询

查询时，给定查询图像 Y，提取查询的深度特征 $\boldsymbol{y}$，并通过粗量化器寻找到与查询特征向量编码至同一子空间的倒排列表。然后，按照式(3-6)计算深度特征与视觉单词的残差向量 $r(\boldsymbol{y})$。最后，仅针对该列表中存储的目标区域的关键值，按照式(3-5)计算与 $r(\boldsymbol{y})$ 的距离。由于距离的计算主要通过查表完成，因此，即使对于大规模的数据集，查询有效性也能保持得很高。由于

$$\mathrm{sim}(\boldsymbol{y},\boldsymbol{r}_i) \propto (d(\boldsymbol{y},\boldsymbol{r}_i))^{-1} \tag{3-9}$$

于是，可以将查询图像与数据集中图像 D 的相似度定义为查询图像与数据集图像中最相似的区域的相似度

$$\mathrm{sim}(Y,D) = \max_{r_i \in D}(d(\boldsymbol{y},\boldsymbol{r}_i))^{-1} \tag{3-10}$$

3.8 实验结果与分析

3.8.1 实现细节

本书利用开源的 Caffe 工具箱[28]实现深度网络的学习和特征提取。在对网络模型进行调优时，将基准学习率设置为 0.001。调优一共在 50 万的训练数据集上进行了 10 次完整迭代（epoch），其中后 5 个完整的训练周期中将学习率减少至 0.000 1。整个调优的过程中，每次批处理的三元组大小（batch）为 64，正则化项系数 λ 设置为 0.000 5，动量 β 设为 0.9。所有的实验使用一台 GTX 780TI 的 GPU 实现。粗量化器和 PQ 编码器在训练时使用 Dell R710 服务器，64 GB 内存，8 核 2.40 GHz 主频的 CPU。

3.8.2 性能对比

本节在 Oxford5K、Paris6K 和 Sculpture 数据集上进行实验，以测试算法面对多种类型的查询图像的实验效果。其中 Oxford5K 和 Paris6K 是关于建筑的检索数据集，而 Sculpture 是关于雕塑的检索数据集。由于雕塑不同于建筑，纹理信息较少，因此可以与 Oxford5K 和 Paris6K 互补，全面地评价检索算法在广泛的目标中的性能。

将本书提出的位置对齐模型与其他基于深度学习的示例检索模型进行了对比。这些基准算法包括：

(1)深度预训练全局特征（DHF）[29]：直接使用 ILSVRC 分类任务数据集上预

训练的模型提取图像特征,特征提取自第一层全连接层(FC6)。

(2)深度预训练全局特征分块模型(CNNss):与 DHF 的主要区别在于特征提取前对查询图像和数据集图像进行固定分块。图像之间的相似度由最相似的分块决定。

(3)深度预训练局部特征(DLF):同 DHF 采用深度预训练的模型,不过特征提取自最后一层卷积层(Conv5)。将输出特征图的每一个空间位置上的特征向量作为局部特征,用 BoW 模型建模图像的全局特征。

(4)局部特征累积池化(SPoC)[30]:同 DLF 提取卷积特征图,用求和的方法对每个位置的特征向量进行池化,得到图像的全局特征。

(5)基于区域的最大池化模型(R-MAC):与本书提出的位置对齐模型相似,提取基于区域的特征用于图像匹配。特征提取自最后一层卷积层(Conv5)池化后的输出。

(6)局部卷积核网络(CKN)[31]:基于特征点检测子提取区域的卷积核特征,进行图像局部到全局的特征匹配。

(7)全局特征相似性学习(ReDSL):利用数据集的真实标注收集基于三元组的训练集(查询原图被除去)。三元组是基于全图的而不是基于区域的。

同时,本节还将视觉词袋模型(BoW)和边缘词袋模型(BoB)作为比较实验的基准。为了方便描述,将空间位置对齐的策略简称为 LA(locality aligned)。同时,增加了一组基准实验,在物体位置对齐的基础上提取深度预训练全局特征作为区域的特征表示。把这一基准算法记为 LA + DHF。为了公平比较,基于深度学习的模型都采用 AlexNet 作为主干网络。

1. 对比词袋模型

如表 3-2 所示,基于局部特征的模型(a)、(b)在 Oxford5K 和 Paris6K 数据集上取得了较好的效果。然而,在 Sculpture 数据集上的性能明显较差。这是因为 Sculpture 数据集中的目标物体轮廓光滑,且缺少纹理。由于特征检测子(如 Hessian Affine)是针对纹理稳定的区域设计的,在雕塑等场景中不能定位物体的关键区域。BoB 模型对局部特征点定位进行了改进,提高了对雕塑检索的准确率。然而,这一模型专门针对边缘明显的物体设计,并不具有泛化能力。相比之下,深度特征模型(c)~(k)在三个数据集上取得的效果相对稳定。这表示深度特征模型适用于更加广泛和普遍的示例检索问题。

表 3-2 ALADDIN 与其他基准算法在数据集上的性能比较

模　型	位置对齐	排序学习	Oxford5K	Paris6K	Sculpture	Generic
(a) BoW			65.78	53.29	8.0	42.03
(b) BoB			—	—	45.4	—
(c) DHF			30.4	57.6	38.4	42.13
(d) CNNss	√		67.19	75.59	41.33	61.37

续表

模　　型	位置对齐	排序学习	Oxford5K	Paris6K	Sculpture	Generic
(e) DLF			64.9	69.4	—	—
(f) SPoC			53.1	—	—	—
(g) RMAC	√		56.1	72.9	—	—
(h) CKN			56.2	—	—	—
(i) ReDSL		√	65.41	76.5	53.48	56.48
(j) LA + DHF	√		67.79	75.80	51.68	65.09
(k) ALADDIN	√	√	77.97	78.28	59.26	71.83

2. 对比深度特征模型

从表 3-2 看出，本书的方法(k)在三个数据集上的性能都高于其他深度特征模型。

首先，对比(c)和(j)，可以发现对图像空间进行划分后(j)与查询目标进行匹配的效果明显好于图像全局特征向量之间的匹配(c)。这是由查询物体与数据集中正样本之间的非对称相似度造成的。将数据集中的图像进行分解后，明显是背景的干扰区域与实际正样本区域被划分在不同的图像空间中，从而背景的影响被减弱。然而，对图像空间进行固定分块(d)并不具有物体的尺度和平移的不变性。相比之下，采用似物性采样进行位置对齐(j)能够解决这一问题，从而使示例检索的准确率在三个数据集上都有一致的提升。

其次，对比(c)、(i)、(k)可以发现，基于排序学习的深度特征模型(i)比深度预训练特征(c)效果更好。这是因为基于分类任务的特征模型只考虑了类间的差异性，并未考虑类内示例级的相似性差异。而排序学习进一步建立了示例级的相似性差异，更适合示例检索问题。然而，(i)假设查询物体为已知，并且利用了部分真实标注信息进行训练，这在实际应用中并不现实。在物体位置对齐的条件下，经过排序学习的模型(k)比深度预训练的特征模型(j)提高了 6.74% 的平均准确率。与此同时，可以发现，基于对齐后的目标图像进行排序学习(k)的效果明显好于基于全图的排序学习(i)：在三个数据集上的平均准确率提高了 15.35%。这是因为将目标对齐后消除了背景造成的歧义性，从而使得排序学习变得容易。另外，本书的模型(k)相比(i)收集训练样本的过程也更加容易。

3. 网络不同层的特征选择

本节进一步分析网络模型的不同层提取的深度特征对示例检索结果的影响。具体来说，对于本书提出的深度排序网络，提取最后一层卷积层(Conv5)和前两层全连接层的特征(FC6 和 FC7)用于对每个区域进行特征表示。对于 Conv5 层输出的卷积特征，同 RMAC 的策略，采用最大池化(max pooling)的方法将每个位置的局部特征向量聚合为固定长度的 256 维特征向量。在 Oxford5K 和 Paris6K 进行示例检索的性能比较,实验结果如图 3-9 所示。可以看出,FC6 输出的特征在两个数据集上都取得了最好的效果。而 FC7 输出的特征的检索性能和 FC6 十分接近(略有下降)。这可能是由于 FC7 的输出向量的泛化能力比 FC6 较弱。而 Conv5 输出的特征效果最低。

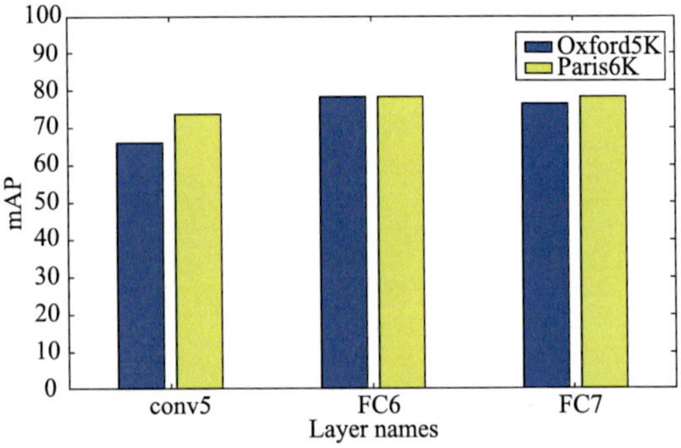

图 3-9　深度网络不同层的特征对检索结果的影响

3.8.3　效率分析

本节在时间复杂度上就一些模型进行了对比,对比结果见表 3-3。BoW 代表了基于特征点模型的基准算法,DHF 模型代表了全局特征模型的基准算法。时间是每个查询返回搜索结果的平均时间。对 DHF 分别比较了进行 PQ 特征编码与不进行 PQ 编码(遍历搜索)的时间有效性。实验结果表明,遍历搜索下的 DHF 模型(b)速度最慢。在借助 PQ 编码后(c),检索效率得到快速提升。BoW 模型由于特征分布的稀疏性,使得检索同样快速有效,但不及(c)。而本书提出的模型因为借助了 PQ 编码,使得搜索的有效性大大提高。注意到,尽管本书的算法相比(c)在数据量上提高了近 1 800 倍(由于 EdgeBox 对每幅图像产生了近 1 800 个候选物体区域),但是在检索速度上的影响并没有数据量变化的那么明显。这是由于 PQ 的设计使得相似度计算主要的运算量由查表来代替了,这节省了时间开销,从而提高了模型的可扩展性。

表 3-3　ALADDIN 与其他基准算法在数据集上的效率比较

模　型	特征维数	PQ	运行时间	
			Oxford5K	Paris6K
(a) BOW	1M		0.067	0.082
(b) DHF	4 096		0.279	0.318
(c) DHF	5	√	0.006	0.006
(d) ALADDIN	9 000	√	0.010	0.012

3.8.4 可视化分析

模型的一些搜索结果展示在图 3-10 中,图中呈现了返回结果的前六位,同时与 LA + DHF 模型的结果进行对比。红色的矩形框标注了查询目标在结果图像中的位置。明显看出,位置对齐的模型具有很好的目标定位能力。另外,基于深度预训练的特征只建模了物体类别级的差异性。然而,对示例级的搜索任务来说,如建筑,具有相似结构的不同建筑会产生十分接近的语义,因此容易产生误检(如第一例中的第 4、6 号结果和第二例中的第 6 号结果)。相比之下,基于排序学习的深度特征可以建模示例级的区分性,从而把属于同一类别的不同物体区分出来。

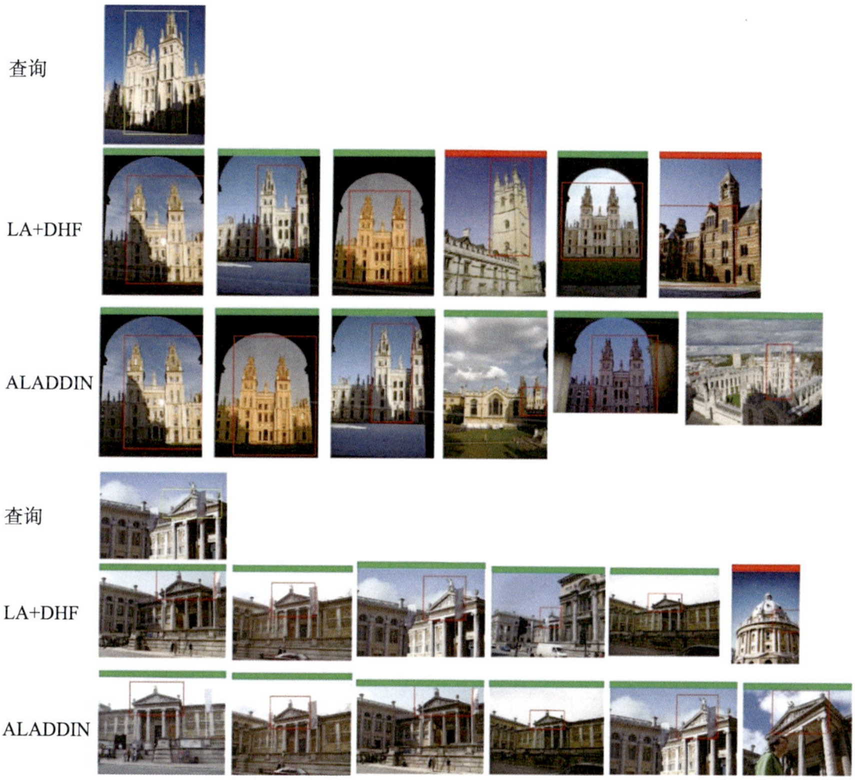

图 3-10 检索结果样例

小　结

本章将深度神经网络模型应用在示例检索任务中,以提高对更广泛的示例目标在特征表达方面的健壮性。具体来说,提出了一个位置对齐的深度示例检索模型(ALADDIN)。该模型包括:

(1)针对示例检索的查询敏感的空间位置关联性问题,提出了一种空间位置对齐的分析模型。

(2)一种基于排序的深度神经网络结构,用以建模物体在不同层次上体现的差异性,提高了特征表示的区分性。

(3)一种半监督的训练样本收集策略。该策略不需要任何对查询物体的先验知识,并且极大地减少了人工收集训练样本的复杂度。

通过在 Oxford5K、Paris6K 和 Sculpture 数据集上进行测试。实验结果表明,在单模型的比较条件下,本书提出的模型检索性能高于词袋模型和其他深度模型。

但是,这一模型也有一些缺点。例如,将半监督的训练样本收集策略扩展到更大规模的数据集中依然需要一定的人工标注成本。将模型扩展到更大规模的数据集上是今后的研究方向之一。

参考文献

[1] LOWE D G. Distinctive image features from scale-invariant keypoints[J]. International Journal of Computer Vision, 2004, 60(2): 91-110.

[2] SIVIC J, ZISSERMAN A. Video google: a text retrieval approach to object matching in videos[C]. IEEE Conference on Computer Vision and Pattern Recognition, 2003: 1470-1477.

[3] KRIZHEVSKY A, HINTON G E. Imagenet classification with deep convolutional neural networks[C]. Neural Information Processing Systems, 2012: 1-9.

[4] GIRSHICK R, DONAHUE J, DARRELL T, et al. Rich feature hierarchies for accurate object detection and semantic segmentation[C]. IEEE Conference on Computer Vision and Pattern Recognition, 2014: 2-9.

[5] LONG J, SHELHAMER E. Fully convolutional networks for semantic segmentation[C]. IEEE Conference on Computer Vision and Pattern Recognition, 2015.

[6] KARPATHY A, LEUNG T. Large-scale video classification with convolutional neural networks[C]. IEEE Conference on Computer Vision and Pattern Recognition, 2014: 1725-1732.

[7] ZHOU B, LAPEDRIZA A, XIAO J, et al. Learning deep features for scene recognition using places database[C]. Neural Information Processing Systems, 2014.

[8]WANG J, SONG Y, LEUNG T, et al. Learning fine-grained image similarity with deep ranking [C]. IEEE Conference on Computer Vision and Pattern Recognition, 2014.
[9]XU H, SAENKO K. Ask, attend and answer: exploring question-guided spatial attention for visual question answering[C]. European Conference on Computer Vision, 2016: 451-466.
[10] HINTON G E, SALAKHUTDINOV R R. Reducing the dimensionality of data with neural networks[J]. Science, 2006, 313(5786): 504-507.
[11] MOHAMED A-R, DAHL G, HINTON G. Deep belief networks for phone recognition[C]. Neural Information Processing Systems, 2009.
[12] HE K, ZHANG X, REN S, et al. Deep residual learning for image recognition[J]. IEEE Conference on Computer Vision and Pattern Recognition, 2016, 7(3): 171-180.
[13]WAN L, ZEILER M, ZHANG S, et al. Regularization of neural networks using dropconnect[C]. International Conference on Machine Learning, 2013: 109-111.
[14]IOFFE S, SZEGEDY C. Batch normalization: accelerating deep network training by reducing internal covariate shift[J]. International Conference on Machine Learning, 2015: 448-456.
[15]DONAHUE J, JIA Y, VINYALS O, et al. DeCAF: a deep convolutional activation feature for generic visual recognition[C]. International Conference on Machine Learning, 2014.
[16]GONG Y, WANG L, GUO R, et al. Multi-scale orderless pooling of deep convolutional activation features[C]. European Conference on Computer Vision, 2014: 1-16.
[17]SHARIF A, HOSSEIN R, JOSEPHINE A, et al. CNN features off-the-shelf: an astounding baseline for recognition[C]. IEEE Conference on Computer Vision and Pattern Recognition, 2014.
[18]TOLIAS G, SICRE R, JÉGOU H. Particular object retrieval with integral max-pooling of CNN activations[C]. International Conference on Learning Representations, 2016: 1-11.
[19]NG J Y, YANG F, DAVIS L S. Exploiting local features from deep networks for image retrieval [C]. IEEE Conference on Computer Vision and Pattern Recognition, 2015.
[20]WAN J, WANG D, HOI S C H, et al. Deep learning for content-based image retrieval: a comprehensive study[C]. ACM international conference on Multimedia, 2014.
[21]J'EGOU H, DOUZE M, SCHMID C. Product quantization for nearest neighbor search[J]. IEEE Transactions on Pattern Analysis and Machine Intelligence, 2011, 33(1): 117-128.
[22]UIJLINGS J R R, SANDE K E A, GEVERS T, et al. Selective search for object recognition[J]. International Journal of Computer Vision, 2013, 104(2): 154-171.
[23] ZITNICK C L, DOLL P. Edge boxes: locating object proposals from edges[C]. European Conference on Computer Vision, 2014: 1-15.
[24]CHENG M M, ZHANG Z, LIN W Y, et al. BING: binarized normed gradients for objectness estimation at 300fps[C]. IEEE Conference on Computer Vision and Pattern Recognition, 2014: 3286-3293.
[25]HOSANG J, BENENSON R, DOLLAR P, et al. What makes for effective detection proposals[J]. IEEE Transactions on Pattern Analysis and Machine Intelligence, 2016, 38(4): 814-830.
[26]ARANDJELOVIC R, ZISSERMAN A. Smooth object retrieval using a bag of boundaries[C]. IEEE

International Conference on Computer Vision, 2011: 375-382.

[27]FISCHLER M A, BOLLES R C. Random sample consensus[J]. Communications of the ACM, 1981, 24(6): 381-395.

[28]JIA Y, SHELHAMER E, DONAHUE J, et al. Caffe: convolutional architecture for fast feature embedding[C]. ACM International Conference on Multimedia, 2014: 675-678.

[29]DONAHUE J, JIA Y, VINYALS O, et al. DeCAF: a deep convolutional activation feature for generic visual recognition[C]. International Conference on Machine Learning, 2014.

[30] YANDEX A B, LEMPITSKY V. Aggregating local deep features for image retrieval[C]. IEEE International Conference on Computer Vision, 2015.

[31]PAULIN M, DOUZE M, HARCHAOUI Z, et al. Local convolutional features with unsupervised training for image retrieval[C]. IEEE International Conference on Computer Vision, 2015: 91-99.

第 4 章 多示例在线学习模型

本章开始研究基于标签的物体检索与定位。基于标签的物体检索与定位是一个具有重要商业价值的研究课题。相比于基于示例的物体检索问题，以标签作为检索系统的输入可以表达具有一定共性的查询内容，因此可以应用在知识关联、二次查询等搜索场景中。基于标签的物体检索任务，研究重点在于建立图像内容到标注的关联模型，从而对数据集中的大规模未标注图像产生结构化的标注信息。因此，本章把标签检索问题建模为图像标注。如 1.2 节所述，本书主要研究弱监督信号下的物体检索与定位。弱监督信号下训练样本只提供了图像级的标注，而没有示例的准确位置。因此，对于物体定位任务，研究重点在于挖掘训练样本之间的共性，建立区域、图像和标注的多级关联模型，从而在数据集中定位关键物体的准确位置。本章把这一问题建模为弱监督信号下的物体检测问题。

很多工作将图像标注和物体检测任务独立对待。本章提出了一个多示例在线学习模型（online multiple instance learning，OMIL）建立了两个任务之间的关联。首先，在现有的多示例学习模型的基础上，改进了训练样本选择和更新的策略。改进后的策略能够收集准确多样的正样本以及有区分性的负样本，从而提高前背景的区分性。其次，设计了一个端到端的模型同时实现训练样本的选择和物体检测器的训练。最后，通过对示例标注和图像标注进行关联，从而进行两个任务的联合学习。

4.1 监督信息

监督信息的差异将极大地影响标签检索与物体定位的性能。在强监督信号下，物体检测器可以通过示例级的标注显式地建模和训练。例如，当前最好的物体检测模型 R-CNN[1] 就是在训练物体位置已知的假设下设计的。然而，在弱监督信号下,仅能假设带有标签的物体出现在图像中,但并不知道其准确位置。由于物体只占有图像中的一小块区域,大量的背景噪声会使物体的有效视觉信息被掩埋,从而干扰了物体定位。通常把这一现象称为前背景的模糊性。因此,如何有效地减少前背景的模糊性是设计一个弱监督信号下的物体检测算法的关键问题。与此同时,由于图像的标签主要由前景(目标物体)触发,而与背景区域没有直接关联。当背景比较复杂时,图像标注的准确率也会受到影响。因此,准确地区分图像的前景和背景能有效地提高图像标注的准确率。

目前,区分前景和背景的主流算法通常先将图像分解为一些可能包含前景的候选区域,然后利用先验知识和几何约束信息在这些候选区域中粗略定位前景和背景,并分别形成正样本集和负样本集。最后,通过监督学习训练物体检测器,减少视觉模型的前背景模糊性。经典的计算模型是多示例学习(multiple instance learning, MIL)[2]。主要通过以下两个步骤的迭代学习物体检测器:①基于一个已有的训练样本集训练一个物体检测器;②基于现有的物体检测器更新训练样本集。

基于多示例学习的算法在物体检测方面取得了不错的性能。但是,多示例学习依然存在三个主要问题:

(1)正样本集中的候选区域准确率较低,多样性较差,负样本集的区分性也不足,导致学习的物体检测器对前背景模糊性的改善有限。

(2)在收集正负样本集时,无法更新物体检测器的参数。当物体检测器由CNN实现时,CNN至少会在一个样本训练的完整周期(epoch)内得不到参数更新,这将极大地减慢训练过程。

(3)多示例学习主要用于弱监督信号下的物体检测任务。很少有算法将其用于优化图像标注。

本章试图解决三个主要问题。第一,如何在弱监督信号下从候选物体集合中选取正负样本区域。理想状态下,选择的正样本应该准确且多样化。正负样本都应具有一定区分性。第二,正负样本的收集应如何与物体检测器的学习相结合,从而两部分可以联合学习。第三,如何在模型中同时优化示例标注和图像标注。

针对第一点,本书优化了一种候选区域选择策略。这一策略分别对正负样本收集做出改进。在正样本选择方面,还发现大多数模型都很难一次性准确地定位具有多样性的训练样本。相比之下,大部分模型却可以很轻易地定位一些背景区域。因此,可以迭代地将明显的背景区域从正样本集合中剔除,在保证正样本召回率的条件下实现正样本集合的不断精化,这一过程如图4-1所示。当正样本集合中的背景区域不断减少后,前背景的模糊性不断降低,定位正样本变得越来越容易。另外,提出的正样本选择策略不容易受到模型初始化的影响。在负样本选择方面,由于难负样本(被物体检测器误检的区域)相比于容易的负样本(被物体检测器正确判断的区域)更具有区分性,本书提出了一种类别相关的难负样本选择策略以提高负样本集合的区分性。这里，类别相关是指对不同的类别分别选取不同的负样本。这一过程的示意图如图 4-2 所示。

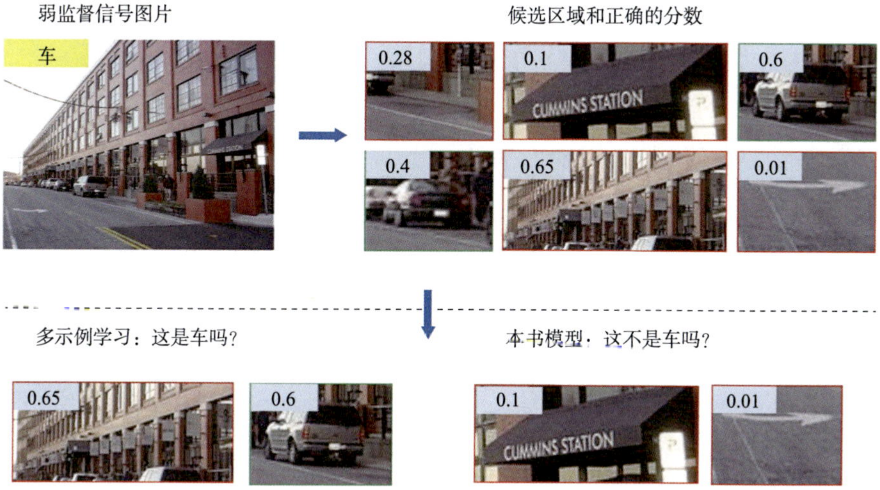

图 4-1　本书的工作与传统的多示例学习方法在正样本选择策略上的区别

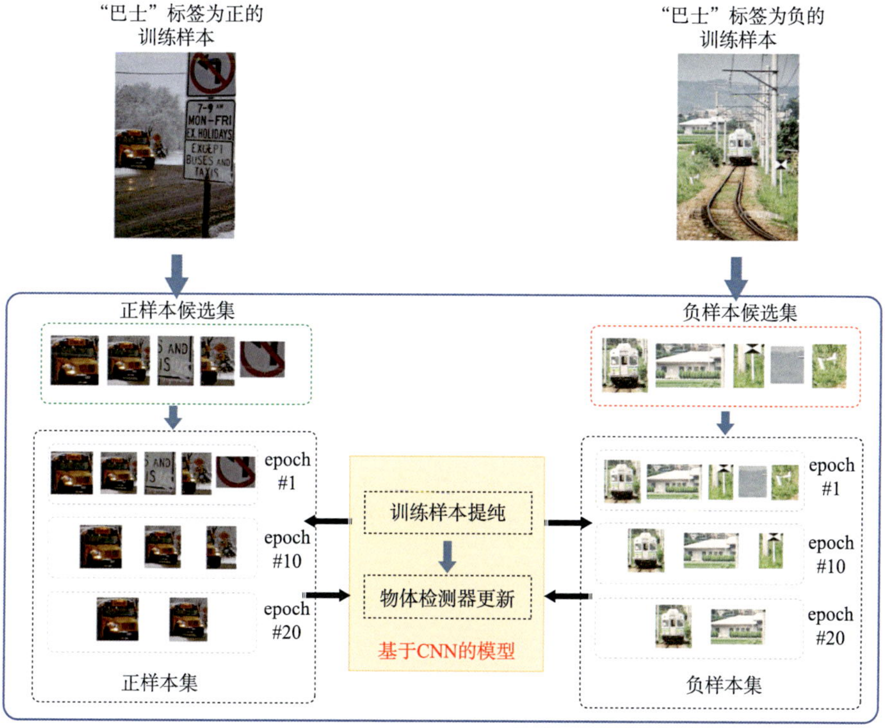

图 4-2　在线训练样本选择过程的示意图

针对第二点，本书将正负样本的选择和物体检测器的训练融合在一个深度卷积网络的框架下。具体来说，在每一个进行随机梯度下降的批处理单元中，样本选择模块在网络的前向传播中采样类别相关的训练样本，而物体检测器基于这些采样的训练样本在网络的后向反馈过程中进行参数更新。因此，本书提出的模型可以实现端到端的快速训练。

针对第三点，本书在模型的目标函数中建立示例标注和图像标注的关联，从而模型的训练过程中能够同时对图像标注和物体检测两个任务进行优化。

本书提出的算法很容易实现。在 PASCAL VOC 数据集上进行实验，并与当前最好的方法进行了性能比较。在物体检测任务中，这一模型在 VOC 2007 数据集上取得了 37.4% 的平均准确率，这比当前最好的基于多示例学习的模型高出了 5.8%。在 VOC 2012 数据集下，取得了 33.6% 的平均准确率，这比当前最好的模型高出了 4%。在图像标注任务中，取得了 83.6% 的平均准确率，也明显高于使用相同主干网络的其他模型。

4.2 物体检测的工作

物体检测的一般方法是分为两个步骤。第一步，通过候选物体检测技术从图像中提取可能是物体的候选区域，简称候选物体检测。第二步，对每个候选区域逐个进行类别判断，同时进行候选区域的精确定位，简称区域分类。在强监督信号下，由于训练图像中目标物体的位置明确，因此候选物体检测和区域分类都可以通过监督学习完成。然而，在弱监督信号下，候选物体检测和区域分类只能建立区域到标注的多对一匹配关系。因此，无法直接利用监督学习的方法解决。

4.2.1 多示例学习

20 世纪 90 年代，Dietterich 等在进行药物活性预测问题的研究中首次界定了多示例学习的概念[3]。在这类问题中，生物化学专家只知道哪些分子适于制药，并不知道具体的哪一种形状起到了决定性作用。为了解决这个问题，Dietterich 等将每一个分子作为一个包，分子的每一种低能形状作为包中的一个示例。若一个包被标记为正(positive)，则该包中至少有一个正例；若一个包被标记为反(negative)，则该包中所有示例都是反例。然后，采用贪心式的算法逐步在正包中寻找正例。

在此之后，多示例学习开始受到广泛且正式的研究。一方面，Long[4]、Blum[5]等对多示例学习模型的 PAC 可学习性进行研究，提出了一系列多示例学习的理论算法。但由于理论工具的制约，几乎所有的理论算法都对包中示例的分布做出假设,因而这些理论算法难以直接用于解决实际问题。

另一方面,很多研究者致力于设计实用的多示例学习算法。Andrews 等对支持向量机进行了扩展,使其可用于多示例学习。具体地,若每个包包含多个示例 $B=\{x_1,x_2,...,x_{Ni}\}$,包的标签为 $Y\in\{-1,+1\}$,示例的标签为 $y_i\in\{-1,+1\}$。多示例学习建模图像的标签和示例的标签有以下关系:

$$Y=\max_{x_i\in I} y_i \tag{4-1}$$

在式(4-1)的约束下,多示例学习算法 mi-SVM 优化了以下目标函数:

$$\min_{\{y_i\}}\min_{w,b,\xi}\frac{1}{2}\|w\|+C\sum_i\xi_i$$
$$\text{s.t.}\quad \forall i: y_i(\boldsymbol{w}x_i+b)\geqslant 1-\xi_i,\xi_i\geqslant 0 \tag{4-2}$$

式中,$\boldsymbol{w}$ 为模型的参数;ξ_i 为松弛变量;C 为超参数。这是一个混合整型规划问题。模型的求解一般通过以下两个步骤的迭代:①确定 y_i,优化目标函数得到 $\boldsymbol{w}$、b、ξ。这相当于固定一个训练示例样本集,训练标签生成器;②确定 $\boldsymbol{w}$、b、ξ,优化目标函数决定 y_i。这相当于固定标签生成器,更新训练样本集。

与此同时,一些学者通过对神经网络[6]、决策树[7]等模型进行拓展,使之应用在多示例学习的问题中。

多示例学习可以很自然地应用在弱监督条件下的物体检测和图像标注任务中。优化多示例学习算法的核心在于保证迭代优化过程中训练样本集的准确性和多样性。大量的工作围绕着这一核心展开。例如,Andrews 等从正负训练样本候选区域中分别选取置信度最高的区域作为正样本和负样本。Siva 等[8]寻找与负样本集合中最近邻距离最大的正样本集合中的区域作为正样本。Ren 等[9]提出分袋算法,迭代地将难负样本从正样本候选集中区分出来,并入新的负样本候选集合中。然后,每次选取置信度最高的正样本区域和随机负样本区域用于模型的训练。Song 等[10,11]基于图模型选择视觉相似的候选区域作为正样本,以提高对于背景干扰的健壮性。Wang 等[12]将候选区域用 pLSA 聚类,然后通过聚类中心选取物体的类别,从而提高选择的正样本的准确率。Bilen 等[13]选择正负样本集合中的所有区域用于训练,但对所有区域按照置信度进行了平滑加权。

本书的工作受到以上候选区域选择策略的启发,但是与这些工作在两个方面有所不同。第一,本书的模型在更新正样本集合时,关注高召回率下集合的准确率。这样,既保证了候选区域的准确率,又保证了多样性。第二,不同于随机选取负样本或选择简单的负样本候选区域,选取 L 类别相关的难负样本用于模型的训练。

4.2.2 多标签学习

多标签问题[14]是指每一个样本同时与多个标签关联。多标签学习的关键难题在于输出空间的复杂性。整个样本标记空间的大小与标签的数量呈指数倍的增长关系。例如,在一个20类标签的问题中,可能的标记空间的大小超过了一百万(2^{20})。因此,利用标签间的互相依赖关系将标记空间进行分解和降维是多标签学习的主要方法。

多标签学习的模型按照标签间的共生和互斥关系可以分为高阶关联和低阶关联。其中低阶关联建模简单,训练有效。例如,Bency等[15]建立类别之间的二阶条件概率模型建模标签之间的关联。Gong等[16]建模二阶标签的排序关联。相比之下,高阶关联则结构完整。例如,Kim等[17]提出利用树状结构建立标签之间的结构关联,Li等[18]利用概率图模型建模标签之间的关联,Read等[19]提出链式关联模型。然而,这些模型计算严格,可扩展性差。一些研究者还发现,由于特征表示阶段的模型被多个标签所共享,这些隐含层会隐式地建模多标签之间的关联与约束[20],因此一阶关联模型仍然能够取得不错的标注效果。本章忽略显式地建模标签间的关联,而将重点放在建模示例标签和图像标签之间的关联上。

4.2.3 基于CNN的弱监督物体检测

最近,一些学者发现用于图像分类的CNN网络可以自动学习到物体的激活图,并可以用于粗略地定位物体。例如,Oquab[20,21]通过激活图的最大响应定位目标物体。Zhou等[22]通过简单的阈值化操作分割激活图,然后定位连通域最大的区域作为目标物体的位置。Bency应用束搜索策略在激活图上定位目标物体。这些模型最明显的优点在于可以通过一个统一的网络把多标签学习和物体定位两个任务相关联。然而,为了通过多标签学习的模型得到物体的定位,需要进行一个单独的后处理算法。另外,由于模型训练时没有建立物体区域级的表示,因此这些方法对物体定位的准确率较低。

与本书的工作最接近的方法是Bilen提出的弱监督深度检测网络(weakly supervised deep detection network, WSDDN)[23]。这个模型采用了一个双数据流的结构。其中,一条数据流用于对候选区域分类,另一条数据流用于对候选区域定位。这个网络在图像标注和物体定位任务上取得了优秀的性能,但是仍然有两个缺点。第一,试图直接从包含大量背景噪声的候选区域的全集中定位正样本区域,这与大部分多示例学习模型的缺点类似。第二,模型倾向于定位容易的负样本用于模型的更新。本书对WSDDN的候选区域定位数据流进行改进,以实现多示例在线学习模型用于弱监督下的物体检测。

4.3 多示例在线学习

4.3.1 概　　述

本节简单介绍弱监督下的多示例在线学习模型(OMIL)。该模型在每一个批处理单元内自动选择关键的训练样本区域,并同时利用这些区域端到端地学习物体检测器和图像标注模型。

给定 K 幅训练样本图像,每幅图像 I^k 提取了一系列候选物体区域 $B^k=\{b_i^k\}_{i=1}^N$。令 $\boldsymbol{y}^k=[y_1^k,...,y_C^k]$表示训练图像 I^k 的真实标注矢量,其中 C 表示标注类别的总数,$y_c^k\in\{0,+1\}$代表图像是否存在第 c 个类别的标注。基于多示例学习的假设,如果 $y_c^k=+1$,则 B^k 中至少存在一块区域 $b_i^k\in B^k$ 是第 c 类的正样本区域。否则,所有的区域都是第 c 类的负样本区域。

令 $\boldsymbol{p}_i^k=[p_{i,1}^k,...,p_{i,C}^k]$代表每一个候选物体区域 b_i^k 估计的类别概率矢量,$p_{i,C}^k\in[0,+1]$代表候选区域 b_i^k 是第 c 类标签的可能性。令$\{\boldsymbol{v}_i^k\}_{i=1}^N$表示所有区域的权重矢量,其中 $\boldsymbol{v}_i^k=[v_{i,1}^k,...,v_{i,C}^k]$且 $v_{i,C}^k\in[0,+1]$代表候选区域 b_i^k 对于第 c 类标签的采样重要性。值得注意的是,$\boldsymbol{p}_i^k$ 向量由每个候选区域 b_i^k 的视觉信号独立决定,而 $\boldsymbol{v}_i^k$ 则通过对所有候选区域$\{b_i^k\}_{i=1}^N$进行比较决定相对采样重要性。本书的模型通过对权重矢量赋值,实现关键区域采样。对于正确且有区分性的候选区域,将其选择为关键区域,从而赋予较大的采样重要性。其他的区域 $v_{i,c}^k=0$ 说明其不重要。本章分别对 $\boldsymbol{v}_i^k$ 和 $\boldsymbol{p}_i^k$ 用采样模块和分类模块建模。假设 $\boldsymbol{v}_i^k$ 和 $\boldsymbol{p}_i^k$ 由参数向量 $\boldsymbol{\theta}$ 决定,可对每幅图像的每个标签定义交叉熵损失函数:

$$\begin{aligned}\mathscr{L}(y_{k,c},f(B^k;\boldsymbol{\theta}))=&-y_{k,c}\log(f(B^k;\boldsymbol{\theta}))\\&-(1-y_{k,c})\log(1-f(B^k;\boldsymbol{\theta}))\end{aligned}\tag{4-3}$$

式中,$f(B^k;\boldsymbol{\theta})$是聚合函数,建立了示例级标注和图像级标注的一致性。具体来说,通过对示例级的类别概率矢量聚合成为图像级的标注得分:

$$\begin{aligned}&f(B^k;\boldsymbol{\theta})=\sum_{i=1}^N(v_{i,c}^k p_{i,c}^k)\\&\text{s. t. }\sum_{i=1}^N v_{i,c}^k=1,\ \sum_{c=1}^C p_{i,c}^k=1\end{aligned}\tag{4-4}$$

最终,神经网络的参数可以通过最小化以下和损失进行学习:

$$\boldsymbol{\theta}=\underset{\boldsymbol{\theta}}{\operatorname{argmin}}\sum_{k=1}^k\sum_{c=1}^C\mathscr{L}(y_c^k,f(B^k;\boldsymbol{\theta}))+\lambda r(\boldsymbol{\theta})\tag{4-5}$$

式中，λ 代表正则化项系数；$r(\boldsymbol{\theta})$ 是模型的正则化项。本实验中采用标准的 L2 正则化。通过式(4-4)建立的示例与图像之间的关联，使得通过式(4-5)优化图像标注模型的同时，示例检测的准确性也能够得到提升。

本书提出了一个新的网络以建模。图 4-3 展示了模型的主要结构。输入一幅图像 I^k 以及一系列候选区域 $B^k=\{b_i^k\}_{i=1}^N$(为了方便起见，从下文开始忽略上标 k)。模型主要包含三个模块：①特征表示模块；②示例分类模块；③示例采样模块。其中，特征表示模块为每块物体候选区域 b_i 提取固定长度的深度语义特征 $\boldsymbol{\phi}_i$。示例分类模块将 $\boldsymbol{\phi}_i$ 映射为一个类别概率向量 $\boldsymbol{p}_i$。示例采样模块在 B 中选择关键的正负样本区域，并输出权重向量 $\boldsymbol{v}_i$ 以反映每块区域在网络训练时的相对重要性。三个模块的训练在图像级标注向量 $\boldsymbol{y}$ 的监督下进行。

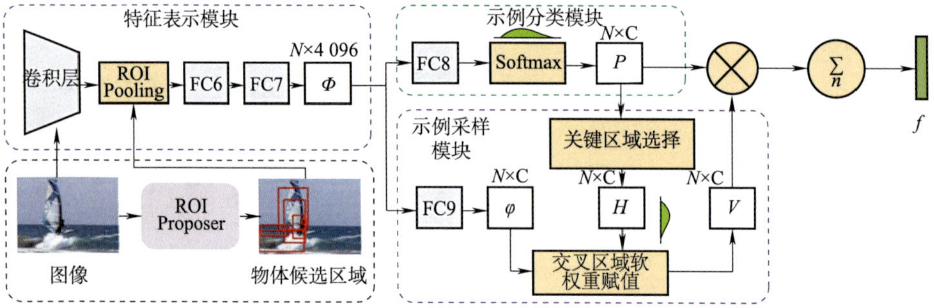

图 4-3　模型的整体结构示意图

4.3.2　特征表示模块

特征表示模块建立在快速 RCNN 模型[24]框架之上。网络输入任意尺寸的一幅图像 I，通过一个全卷积网络提取图像的特征图 $\boldsymbol{G}$。本工作采用 AlexNet[25]的五层卷积层。随后，对于每块物体候选区域 b_i，通过 ROI 池化操作从 $\boldsymbol{G}$ 中提取区域的特征图 $\boldsymbol{R}_i$

$$\boldsymbol{R}_i=\mathrm{nonl}(\mathrm{pool}(\boldsymbol{G},b_i)) \tag{4-6}$$

式中，nonl(·)为神经网络的非线性层，具体采用 ReLU 实现非线性操作。最后，通过两个全连接层(FC6 和 FC7)后输出固定长度的特征向量 $\boldsymbol{\phi}_i$

$$\boldsymbol{\phi}_{6i}=\mathrm{nonl}(\boldsymbol{W}_6\boldsymbol{R}_i+\boldsymbol{b}_6)$$
$$\boldsymbol{\phi}_i=\mathrm{nonl}(\boldsymbol{W}_7\boldsymbol{\phi}_{6i}+\boldsymbol{b}_7) \tag{4-7}$$

式中，$\boldsymbol{W}_l$ 为第 $l-1$ 层到第 l 层的连接矩阵，$\boldsymbol{b}_l$ 是相应的偏置项。

4.3.3　示例分类模块

这一模块通过将每个物体候选区域 b_i 的特征向量 $\boldsymbol{\phi}_i$ 投影为一个类别概率矢量 $\boldsymbol{p}_i$，实现对类别的判定。具体来说，利用一个全连接层（FC8）将 $\boldsymbol{\phi}_i$ 投影为一个 C 维的输出向量 $\boldsymbol{\phi}_{8i}$

$$\boldsymbol{\phi}_{8i} = \text{nonl}(\boldsymbol{W}_8\boldsymbol{\phi}_i + \boldsymbol{b}_8) \tag{4-8}$$

由于每个候选区域最多能表示一个物体，因此采用标准的 Softmax 操作对 $\boldsymbol{\phi}_{8i}$ 归一化，形成最终的类别概率矢量 $\boldsymbol{p}_{i,c}$

$$p_{i,c} = \frac{\exp(\boldsymbol{\phi}_{8i,c})}{\sum_{j=1}^{C}\exp(\boldsymbol{\phi}_{8i,j})} \tag{4-9}$$

4.3.4　示例采样模块

这是整个模型中最重要的模块。主要包括两个部分。第一个部分是选择类别相关的训练样本区域，另一个部分是对选择的区域赋予重要性权重。模块输出每个候选区域的权重向量 $\{v_i\}_{i=1}^{N}$，以反映每个区域的采样重要性。

1. 关键区域选择

对于每个标签类别 c，从正标注的图片中选择正样本区域，从负标注的图片中选择负样本区域。考虑以下两种情况：

（1）当 $y_c = +1$ 时，如果估计的类别得分 $p_{i,c}$ 较低时，则很可能 b_i 来自背景，因此可以将其从正样本训练集中移除（$v_{i,c}=0$）。其余区域作为候选的正样本保留在正样本集合中（$v_{i,c}>0$）。

（2）当 $y_c=0$ 时，如果估计的类别得分 $p_{i,c}$ 很高，则 b_i 一定被错误地分类了，因此将其选为负样本。这一观点与难负样本选择策略一致，均认为难的样本更具有区分性。

总结起来，只有概率得分 $p_{i,c}$ 较高的区域应被选为训练样本。因此，对于每个标签类别，基于概率得分 $p_{i,c}$ 对所有的候选区域进行排序，并根据图像级的标签，选择排名最高的 M_{pc} 个区域作为正样本（或 M_{nc} 个区域作为负样本）。为了简单起见，假设 M_{pc} 和 M_{nc} 的取值与类别无关。因此，可以把 M_{pc} 和 M_{nc} 分别记作 M_p 和 M_n。综上，关键区域选择的过程可以正式地描述为

$$\{h_{i,c}\}_{i=1}^{N} = \arg\max \sum_i (h_{i,c} \cdot p_{i,c})$$
$$\text{s. t.} \quad \sum_{i=1}^{N} h_{i,c} = y_c M_p + (1 - y_c) M_n \tag{4-10}$$

式中，$\boldsymbol{h}_i = [h_{i,1}, \cdots, h_{i,C}]$ 为每个区域 b_i 的选择指示向量；$h_{i,c} \in \{1,0\}$ 为是否选择 b_i

作为第 c 个类别标签的训练样本。

不同的类别标签选择的训练样本区域是不同的。这一类别相关的区域选择策略可以包含更多有区分性的信息,因为每个类别标签分别选择了最有区分性的区域用于训练。

2. 软权重赋值

本书应用一个交叉区域软权重赋值策略突出选定的候选区域的重要性。具体来说,先采用另一个全连接层(FC9)将 $\boldsymbol{\phi}_i$ 投影到一个 C 维的输出向量 $\boldsymbol{\varphi}_i$。随后,$\boldsymbol{\varphi}_i$ 通过跨区域 Softmax 层与 $\boldsymbol{h}_i$ 合并

$$v_{i,c}=\frac{h_{i,c}\exp\left(\varphi_{i,c}\right)}{\sum_{j=1}^{N}h_{j,c}\exp\left(\varphi_{j,c}\right)} \tag{4-11}$$

可以看出,$v_{i,c}$ 比较的是区域之间的相对采样重要性。如果某个区域未被选中为关键区域,则 $v_{i,c}$ 输出为 0。这一区域选择策略仅仅通过一次 CNN 的前向传播操作。在后向反馈运算中,有且仅有选中的区域产生梯度传播。这一变化过程可以通过后向反馈进行分析

$$\frac{\partial\mathscr{L}}{\partial\boldsymbol{p}_i}=v_i\cdot\frac{\partial\mathscr{L}}{\partial f(B^k)} \tag{4-12}$$

特别地,$v_{i,c}$ 赋值大的区域对应的分类网络反向传播的有效梯度大,赋值小的区域传播的有效梯度小。这样,整个模型可以快速地同时进行区域选择和模型更新。

4.3.5 迭代精化

参数 M_p 控制了模型收集训练正样本的规模。本工作中在训练过程中动态地调整 M_p。直观上理解,当物体检测器不健壮时,可将 M_p 设置为一个较大的值从而使得召回率高。随着学习使得物体检测器逐渐健壮,更多的正样本区域的分类得分逐渐靠前,可以逐渐减小 M_p 从而提高正样本集的准确率。图 4-4 展示了随着训练的进行,正样本区域置信度排名的变化情况,其中在黄色的矩形框内,展示了正样本示例在图像所有的候选区域中按置信度的排序结果。

本章的具体做法如下。M_p 被初始化为 N(图像中所有候选区域的总数)。在 20 次训练周期结束后,将 M_p 设置为 1 024,此后每 N_e 个训练周期后将 M_p 减半,直到达到预设的阈值 M_{pt} 为止。N_e 的取值通过下式计算:

$$N_e=\frac{20}{\log_2\left(\frac{1\,024}{M_{pt}}\right)+1} \tag{4-13}$$

参数 M_n 的变化过程同 M_p。实际上,M_{pt} 和 M_{nt} 都设为 128,因为这是批处理大

小的常用取值。

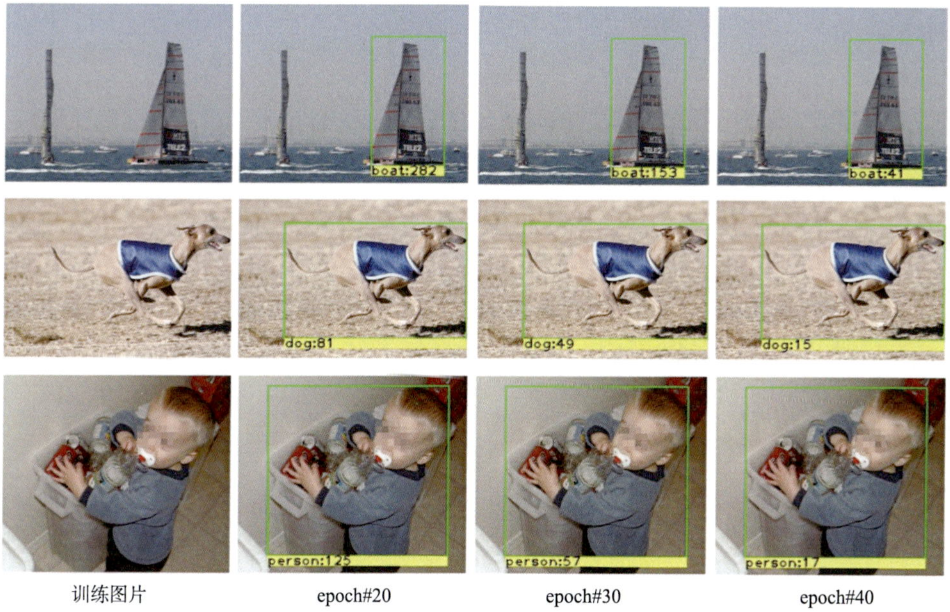

图 4-4 训练过程中正样本示例的置信度排名的变化情况

4.4 实验结果与分析

4.4.1 实现细节

本节将模型在 PASCAL VOC 2007、VOC 2010 和 VOC 2012 数据集[26]上进行实验。尽管两个数据集都提供了示例级的矩形框标注,但是仅仅利用图像级的标注用作模型训练(这与弱监督假设一致)。对于 VOC 2007 和 VOC 2010 数据集,合并训练集和验证集进行模型训练,并在标准测试集上进行测试。对于 VOC 2012 数据集,利用标准训练集进行模型训练,使用验证集进行模型测试。

本章借助开源的 Caffe 工具包[27]实现提出的模型,并采用选择性搜索(selective search)[28]提取每幅图像的候选物体区域。主干网络采用的是 AlexNet,并通过 ILSVRC 2012 分类任务[29]对网络的卷积层(Conv1 ~ Conv5)和两个全连接层(FC6、FC7)进行参数初始化。网络的其他层则采用随机初始化。

整个网络在目标数据集上进行调优。调优时,每一个批处理单元中包含来自两张图片的所有候选物体区域。正则化项系数 λ 设置为 0.000 5,动量 β 设为 0.9。

同时采用多尺度训练策略。具体来说,图像的长边归一化到一个随机的尺度 s(其中 $s \in \{480,576,688,864,1\ 200\}$)并且保持图像的长宽比不变。同时,还随机地对图像进行水平翻转做数据增强。调优一共在训练数据集上进行了 20 次完整迭代。前 10 次迭代时学习率设置为 0.000 5,后 10 次迭代中将学习率下降 10 倍。调优使用一块 NVIDIA Titan Black 的 GPU。

测试过程中,将 $f(B;\boldsymbol{\theta})$ 的取值作为图像标注的置信度,把($v_{i,c} \cdot p_{i,c}$)的结果作为每个区域的置信度得分向量。测试图像做了 10 类变换(5 种尺度变换和相应的水平翻转),并取 10 类得分的平均作为最终输出结果。对于物体检测的结果,还采用候选区域投票[30]和非极大抑制进行后处理。

4.4.2 关键区域选择的重要性

本节在 PASCAL VOC 2007 下,通过设置不同的 M_p 和 M_n,分析关键区域选择对模型训练的影响。实验中利用 VOC 2007 的训练集进行模型训练,并从验证集中随机选择的 500 张图片用于测试。实验结果呈现在图 4-5 中,其中,绿线是 M_n 固定而 M_p 变化时的性能波动曲线,而蓝线是 M_p 固定而 M_n 变化时的性能波动曲线。红色的虚线是不进行关键区域选择时的基准性能。

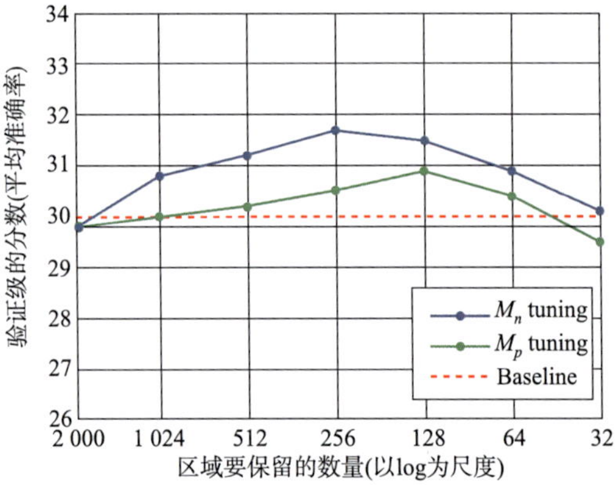

图 4-5　在 M_p 和 M_n 变化下,物体检测的性能变化情况

作为基准实验移除关键区域选择模块。这等价于在整个模型训练的实验中把 M_p 和 M_n 都设置为 N。基准实验结果的平均准确率为 29.8%。

首先,验证正样本选择的重要性。为了达到这一目的,将 M_n 固定为 N(这样禁用了负样本选择),并逐渐地将 M_p 从 N 变动至 32,以便观察正样本选择在不同程度上对物体检测性能的影响。如图 4-5 的绿色曲线所示,当 M_p 从 N 降低至 32 时,检测性能先单调上升,证明了采用正样本选择能够提高物体检测的准确率。当

$M_p = 128$ 时,平均准确率达到峰值 30.9%。当 M_p 继续减小,性能开始下降,最终下降到 29.5%。

其次,观察负样本选择的有效性。在实验中,令 $M_p = N$ 并将 M_n 从 N 下降到 32。如图 4-5 的蓝色曲线所示,平均准确率同样先单调递增直到峰值,然后开始下降。M_n 取 256 时接近最佳的准确率。

下面讨论关键区域选择如何提高物体检测性能。首先讨论基准实验。对式(4-3)、式(4-4)做简单的后向反馈进行分析:

$$\frac{\partial \mathscr{L}}{\partial v_i} = \boldsymbol{p}_i \cdot \frac{\partial \mathscr{L}}{\partial f(B^k)} \tag{4-14}$$

从式(4-14)中可见,当 $y_c = 1$ 时,分类得分 $p_{i,c}$ 较高的区域会在目标函数的作用下使得 $v_{i,c}$ 也相应变高。在 VOC 2007 的训练集中,把基准模型下的所有候选区域按 $p_{i,c}$ 的得分进行排序后,可以观察到明显的长尾现象,如图 4-6(a)所示,其中横坐标为区域按置信度的排序,纵坐标为 $v_{i,c}$ 的累计权重:85.22% 的 $v_{i,c}$ 权重来自排名靠前的 128 个区域。相信抑制排名在 128 之后的区域权重可以从两个方面帮助物体检测。第一,更多的监督信息流向真实的正样本区域,其中的大多数排在前 128 名,效果如图 4-6(b)所示;第二,更少的监督流向正样本候选集中的虚检区域(通常排名 128 以后)。由于排名 512 之后的区域所占有的权重几乎可以忽略,因此当 M_p 从 N 下降到 512 时,性能的提升较不明显。当继续将 M_p 下降到 128 时,检测性能的提升变得显著。当 M_p 下降到 32 时,由于正样本的召回率明显下降,导致检测器的性能明显变差。

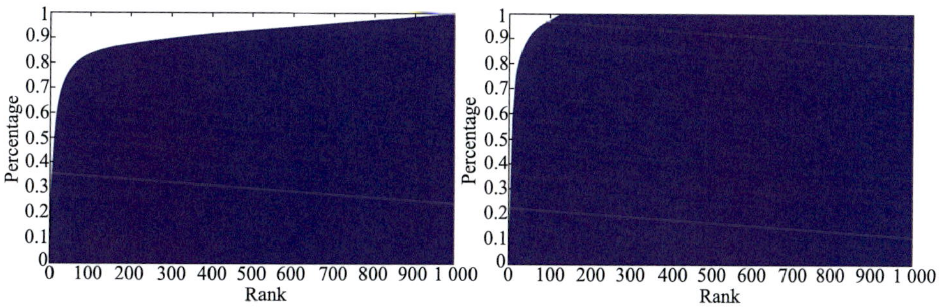

(a)基准模型　　(b)正样本选择模型

图 4-6　正标注图像下所有训练样本区域按 $p_{i,c}$ 得分排序后的累计直方图对比

同时,本书讨论 $y_c = 0$ 的情况下权重的分布。可以发现对于基准实验来说,只有 4.22% 的权重来自排名前 128 的区域,如图 4-7(a)所示,其中横坐标为区域按置信度的排序,纵坐标为 $v_{i,c}$ 的累计权重。这是因为基准模型对正标注和负标注平等对待,因此与 $y_c = 1$ 的情况一致,更多的权重放在容易的负样本上而没有放在难的负样本上。通过负样本选择，将更多权重分配给难的负样本，效果如图 4-7(b)所示。进一步比较，在图 4-8 中可视化一些难负样本的区域，并对比负样本选择前后的权重变化。图 4-8 中，绿色的矩形框代表了真负样本，红色的矩形框代表了虚检。在黄色背景的矩形框中，p 和 v 分别代表了分类得分和权重得分。第一行是基准算法下的得分情况，第二行是采用负样本选择策略后的得分情况。可见采用样本选择策略后，训练的重心从简单样本转移到了难负样本上。对于基准算法来说（第一行），虚检区域被赋值接近为 0 的权重，表明了是不重要训练样本。相比之下，在进行负样本选择后，这些虚检区域被赋值了更高的权重。因此，当 M_n 从 N 减少到 256 时，性能的提升很显著。当 M_n 继续下降到 32 时，物体检测的性能出现下降。这可能是由于一个批处理单元内负样本的多样性下降了。

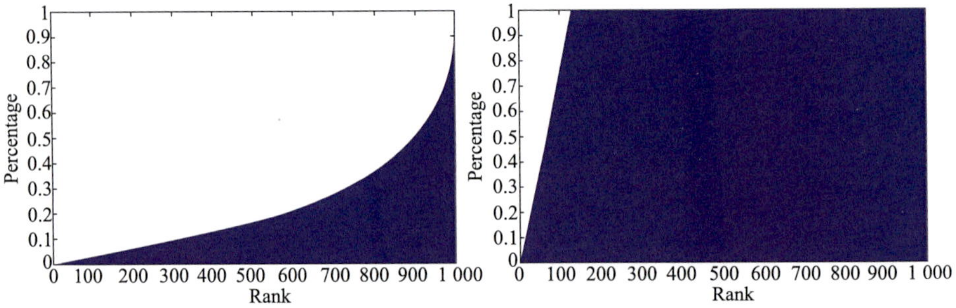

(a)基准模型　　(b)负样本选择模型

图 4-7　负标注图像下所有训练样本区域按 $p_{i,c}$ 得分排序后的累计直方图对比

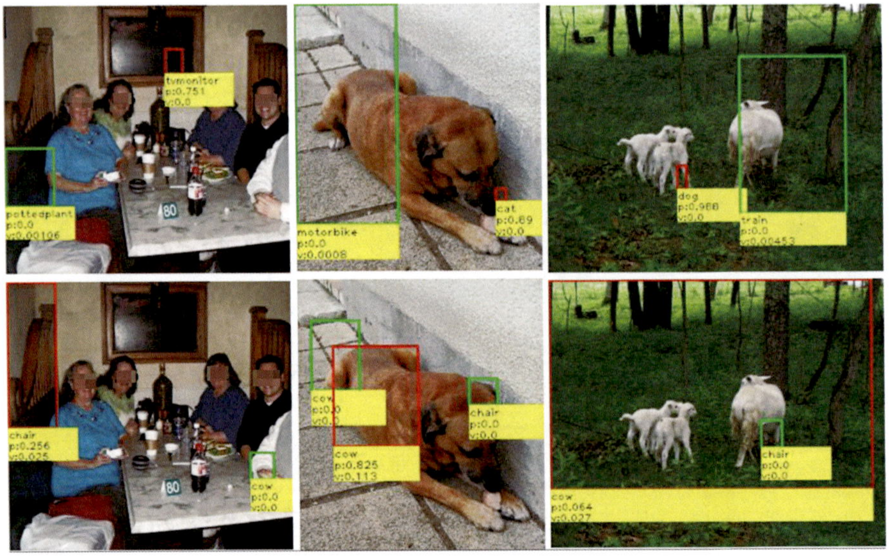

图 4-8　负标注图像下的负样本示意图

4.4.3　与弱监督深度检测网络 WSDDN 的变种进行性能对比

本章提出的网络结构是基于弱监督深度检测网络(WSDDN)改进的。与 WSDDN 网络相比,设计了一个改进的关键区域选择模块,从而可以在 WSDDN 网络中实现端到端的多示例学习。与这一工作同时进行的还有一些其他关于 WSDDN 的变种。这些变种主要实现弱监督信号下的物体检测。因此,本书对这些变种在物体检测任务上进行了实验比较,结果见表 4-1。

表 4-1　本书的模型与其他 WSDDN 的变种在 VOC 2007 物体检测任务上的性能比较

模　　型	mAP/%
(a) WSDDN	31.5
(b) WSDDN + Sc	33.4
(c) WSDDN + Sc + Reg	34.5
(d) AttentionNet[31]	34.5
(e) ContextLocNet[32]	36.3
(f) 本书的方法	37.4

从表 4-1 中可以看出,本书的模型(f)相比于 WSDDN 基准算法(a)有十分显著的性能提升(+5.9%)。在 WSDDN 中,作者对基准网络进行了一些扩展,例如引入物体置信度加权(b)和一个新的规则化项(c),在不进行多模型聚合的条件下,将平均准确率从 31.5% 提高到 34.5%。不过,这依然低于本书的模型。另外,物体置信度加权需要一般物体检测方法提供物体的绝对置信度得分。这一策略对于无法提供置信度得分的方法(例如选择性搜索)不适用。相比之下,本书的模型适用于任何一般物体检测的方法。除此之外,本书的模型也比最近提出的 AttentionNet 和 ContexlocNet 在平均准确率上要高。

4.4.4　与其他模型的性能对比

1. 物体检测任务

本节在物体检测任务上与其他模型进行了对比。表 4-2 展示了在 PASCAL VOC 2007 训练集上的物体定位准确率(CorLoc)以及测试集上的平均准确率(mAP)的性能对比。本书的模型在 20 种物体标注上达到了 57.3% 的平均定位准确率,高于其他所有的对比模型。这表示本书的模型能够很好地在训练集中准确定位正样本区域,从而验证了关键区域选择的准确性。本书的模型同时达到了 37.4% 的检测准确率,高于其他所有对比实验。

表 4-2 本书的模型与其他模型在 PASCAL VOC 物体检测任务上的性能比较

模型	VOC 2007		VOC 2010	VOC 2012
	CorLoc	mAP	mAP	mAP
Song et al.	—	24.6	—	—
Oquab et al.	—	—	—	11.7
Bilen et al.	43.7	27.7	—	—
Cinbis et al. [33]	52.0	30.2	27.4	—
Wang et al.	48.5	31.6	—	—
Ren et al.	43.9	25.4	—	23.8
Bilen et al.	54.2	34.5	—	—
Li et al. [34]	49.8	31.0	—	22.4
Kantorov et al.	55.1	36.3	—	—
Bency et al.	46.8	25.7	—	26.5
基准模型(WSDDN)	51.6	30.5	29.8	30.4
本书的方法(OMIL)	57.3	37.4	36.0	33.6

相比于最好的基于多示例学习的方法,本书的算法取得了 5.3% 的定位准确率提升和 5.8% 的检测准确率提升。大多数基于多示例学习的方法试图直接从大的候选样本集中选取训练样本。然而,候选集中大量的背景区域影响了正样本选取的准确率,从而影响了后续物体检测器的定位准确率。与之相反,本书的模型不断地把有干扰性的背景区域从正样本候选集中剔除,在提高正样本集准确率的同时保持了正样本的召回率,使得学习得到的物体检测器更具有区分性。同时,类别相关的难负样本集也帮助物体检测器变得更加健壮。与基于 CNN 的一些模型相比,本书的模型高出 Bency 的模型 10.5% 的定位准确率和 11.7% 的检测准确率。原因是在 Bency 的模型中,标签激活图是通过整幅图像的所有像素学习得到的。然而,背景区域的噪声必然会影响激活图的准确性,因此也会影响接下来物体定位的性能。相比之下,本书提出的关键区域选择算法能够降低背景区域的干扰,从而提高物体检测的有效性。

进一步在 PASCAL VOC 2010 和 VOC 2012 数据集上进行实验。实验结果也呈现在表 4-2 中。此方法明显高于其他对比方法。

2. 图像标注任务

本节在图像标注任务上与其他模型进行了对比,并将结果展示在表 4-3 中。本书的模型在 20 类标签上达到了 83.6% 的平均定位准确率,在相同的主干网络下高于其他所有的对比模型。这表明通过减少前背景的模糊性能够有效地提高图像标注和标签检索的准确率。

表 4-3　本书的模型与其他模型在 VOC 2007 图像标注任务上的性能比较[35-37]

模　型	mAP
Overfeat	73.9
Oquab et al.	77.7
Song et al.	70.5
HCP	82.7
SPP Net	82.4
基准模型(WSDDN)	82.3
本书的方法(OMIL)	83.6

小　　结

本章提出了一种多示例在线学习模型用于解决标签检索和物体检测。总结起来,本章的技术贡献包括以下三点。首先,在现有的多示例学习模型的基础上,改进了训练样本选择和更新的策略。该策略不断地从正样本集合中过滤背景区域以提高正样本集合的精度,并挖掘类别相关的难负样本以组成有区分性的负样本集,从而提高前背景的区分性。其次,设计了一个端到端的模型能够同时选择训练样本和训练物体检测器。最后,通过对示例标注和图像标注进行关联,从而通过一个模型联合进行图像标注和弱监督信号下的物体检测。在 PASCAL VOC 2007、VOC 2010 和 VOC 2012 数据集上进行了实验。实验结果表明多示例在线学习模型有效地提高了标签检索和物体检测的准确率。相信这一模型可以成为弱监督下标签检索与定位的通用做法。

参考文献

[1] GIRSHICK R, DONAHUE J, DARRELL T, et al. Rich feature hierarchies for accurate object detection and semantic segmentation[C]. IEEE Conference on Computer Vision and Pattern Recognition, 2014: 2-9.

[2] ANDREWS S, TSOCHANTARIDIS I, HOFMANN T. Support vector machines for multiple-instance learning[C]. Advances in Neural Information Processing Systems, 2002.

[3] ZHOU Z H, ZHANG M L, HUANG S J, et al. Multi-instance multi-label learning[J]. Artificial Intelligence, 2012, 176(1): 2291-2320.

[4] LONG P M, TAN L. PAC learning axis-aligned rectangles with respect to product distributions from multiple-instance examples[J]. Machine Learning, 1998, 30(1): 7-21.

[5]BLUM A, KALAI A. A note on learning from multiple-instance examples[J]. Machine Learning, 1998, 30(1): 23-29.

[6]ZHOU Z, ZHANG M. Neural networks for multi-instance learning[C]. International Conference. on Intelligent Information Technology, 2002: 455-459.

[7]CHENG W, HÜHN J, HÜLLERMEIER E. Decision tree and instance-based learning for label ranking[C]. International Conference on Machine Learning, 2009: 161-168.

[8]SIVA P, RUSSELL C, XIANG T. In defence of negative mining for annotating weakly labelled data[C]. European Conference on Computer Vision, 2012: 594-608.

[9]REN W, MEMBER S, HUANG K, et al. Weakly supervised large scale object localization with multiple instance learning and bag splitting[J]. IEEE Transactions on Pattern Analysis and Machine Intelligence, 2016, 38(2): 405-416.

[10]SONG H O, GIRSHICK R, JEGELKA S, et al. On learning to localize objects with minimal supervision[C]. International Conference on Machine Learning, 2014.

[11]SONG H O, LEE Y J, JEGELKA S, et al. Weakly-supervised discovery of visual pattern configurations[C]. Neural Information Processing Systems, 2014: 1637-1645.

[12]WANG C, HUANG K, REN W, et al. Large-scale weakly supervised object localization via latent category learning[J]. IEEE Transactions on Image Processing, 2015, 24(4): 1371-1385.

[13]BILEN H, PEDERSOLI M, TUYTELAARS T. Weakly supervised object detection with convex clustering[C]. IEEE Conference on Computer Vision and Pattern Recognition, 2015: 1081-1089.

[14]ZHANG M L, ZHOU Z H. A review on multi-label learning algorithms[J]. IEEE Transactions on Knowledge and Data Engineering, 2014, 26(8): 1819-1837.

[15]BENCY A J, KWON H, LEE H, et al. Weakly supervised localization using deep feature maps [C]. European Conference on Computer Vision, 2016.

[16]GONG Y, JIA Y, LEUNG T, et al. Deep convolutional ranking for multilabel image annotation [C]. International Conference on Learning Representations, 2014: 1-9.

[17]KIM S, XING E P. Tree-guided group lasso for multi-task regression with structured sparsity[C]. International Conference on Machine Learning, 2010.

[18]LI Q, QIAO M, BIAN W, et al. Conditional graphical lasso for multi-label image classification [C]. IEEE Conference on Computer Vision and Pattern Recognition, 2016.

[19]READ J, PFAHRINGER B, HOLMES G, et al. Classifier chains for multi-label classification [J]. Machine Learning, 2011, 85(3): 333-359.

[20]OQUAB M, BOTTOU L, LAPTEV I, et al. Is object localization for free? -weakly-supervised learning with convolutional neural networks[C]. IEEE Conference on Computer Vision and Pattern Recognition, 2015: 685-694.

[21]OQUAB M, BOTTOU L, LAPTEV I, et al. Learning and transferring mid-level image representations using convolutional neural networks[C]. IEEE Conference on Computer Vision and Pattern Recognition, 2014: 1717-1724.

[22]ZHOU B, KHOSLA A, LAPEDRIZA A, et al. Learning deep features for discriminative

localization[C]. IEEE Conference on Computer Vision and Pattern Recognition, 2016.

[23] BILEN H, VEDALDI A. Weakly supervised deep detection networks[C]. IEEE Conference on Computer Vision and Pattern Recognition, 2016.

[24] GIRSHICK R. Fast R-CNN[C]. IEEE International Conference on Computer Vision,2015.

[25] KRIZHEVSKY A, HINTON G E. ImageNet classification with deep convolutional neural networks [C]. Neural Information Processing Systems, 2012: 1-9.

[26] EVERINGHAM M, ESLAMI S M A, GOOL LV, et al. The pascal visual object classes challenge: a retrospective[J]. International Journal of Computer Vision, 2014, 111(1): 98-136.

[27] JIA Y, SHELHAMER E, DONAHUE J, et al. Caffe: convolutional architecture for fast feature embedding[C]. ACM International Conference on Multimedia, 2014: 675-678.

[28] UIJLINGS J R R, SANDE K E A., GEVERS T, et al. Selective search for object recognition[J]. International Journal of Computer Vision, 2013, 104(2): 154-171.

[29] RUSSAKOVSKY O, DENG J, SU H, et al. Imagenet large scale visual recognition challenge[J]. International Journal of Computer Vision, 2015, 115(3): 211-252.

[30] GIDARIS S, KOMODAKIS N. Object detection via a multi-region & semantic segmentation-aware CNN model[C]. IEEE International Conference on Computer Vision, 2015.

[31] TEH E W, WANG Y. Attention networks for weakly supervised object localization[C]. British Machine Vision Conference, 2016: 1-11.

[32] KANTOROV V, OQUAB M, CHO M, et al. ContextLocNet: context-aware deep network models for weakly supervised localization[C]. European Conference on Computer Vision, 2016: 9-13.

[33] CINBIS R G, VERBEEK J, SCHMID C. Weakly supervised object localization with multi-fold multiple instance learning[J]. IEEE Transactions on Pattern Analysis and Machine Intelligence, 2017, 39(1): 189-203.

[34] LI D, HUANG J, LI Y, et al. Weakly supervised object localization with progressive domain adaptation[C]. IEEE Conference on Computer Vision and Pattern Recognition, 2016.

[35] CHEN Q, SONG Z, DONG J, et al. Contextualizing object detection and classification[J]. IEEE Transactions on Pattern Analysis and Machine Intelligence, 2015, 37(1): 13-27.

[36] WEI Y, XIA W, LIN M, et al. HCP: a flexible CNN framework for multi-label image classification[J]. IEEE Transactions on Pattern Analysis and Machine Intelligence, 2016, 38(9): 1901-1907.

[37] HE K, ZHANG X, REN S, et al. Spatial pyramid pooling in deep convolutional networks for visual recognition[C]. European Conference on Computer Vision, 2014.

第 5 章 基于显著性的深度特征表示

消除前背景的模糊性是提高弱监督信号下标签检索和物体定位性能的关键。本章从特征表示的角度出发,提出了一种基于显著性的深度特征模型,改善基于矩形框的物体特征表示。该模型可以与当前最好的图像标注和物体检测的网络相结合,进行端到端的训练。此外,通过对显著性模型进行了可视化分析,并与当前最好的算法在 PASCAL VOC 2007 和 VOC 2012 数据集上进行实验对比,验证了算法的有效性。

5.1 视觉注意机制

目前,大部分方法都利用物体的外接矩形块描述物体。然而,物体的不规则性和可能存在的形变,导致矩形框内除了目标物体区域外,还包含了部分背景或遮挡。当这些背景或遮挡与前景没有关联时,产生了物体视觉变化的差异性。在特征空间中,同一标签所代表的物体的类间差异变大,并且与背景的界限变模糊,进而使得前背景的模糊性更大。

神经生物学和认识科学的研究发现[1,2],当人在观察图像时,并不会对所有的细节都有所感知,而是将注意力选择性地聚焦在最重要的区域。这种选择性注意机制在诸如场景分析与分类[3]、目标识别与跟踪[4]等视觉任务中起到了重要的作用。以图像标注为例,人的视觉系统往往会聚焦在触发图像标签的区域上,如图 5-1 所示,图中第一行是原图,第二行是相应的显著图。红色的区域是显著性最强的区域,蓝色的区域则是显著性最弱的区域。借助人的选择性注意机制,不仅能够通过过滤无关的背景区域来提取图像和物体最有语义判决性的视觉特征,同时能够提供物体示例的定位信息。

图5-1　人的视觉注意模型示例

受到人眼的视觉注意机制的启发,本书提出一种基于显著性定位的深度特征表示模型。该模型将物体的特征表示分解为显著性定位和特征提取两个不同的部分。一方面,显著性定位部分建模自顶向下的视觉注意模型。具体来说,负责提取与图像和物体语义最一致的视觉区域。另一方面,特征提取部分建模内容相关的图像视觉特征图。显著性定位部分通过对图像的视觉特征图产生作用,使得背景区域的特征响应被整体抑制,而前景最重要的视觉区域的响应相对得到增强。这样的特征表示模型使得前景区域和背景区域的类内差异性都变小,类间差异性变大,从而在特征空间中更有可分性。通过对显著性定位部分学习的显著图进行可视化分析,验证了显著性模型的可靠性。这是第一个应用显著性模型优化基于矩形框的物体特征表示的工作。

显著性视觉表示模型可以与多种标签检索和物体定位的模型无缝融合。本章将这一模型与第4章提出的多示例在线学习模型结合,从而整个模型可以进行端到端的训练。同样地,还在PASCAL VOC 2007和VOC 2012数据集上进行实验,并与当前最好的方法进行了性能比较。在物体检测任务中,这一模型在VOC 2007和VOC 2012数据集上分别取得了38.4%和34.4%的平均准确率。在标签检索任务上,这一模型取得了84.2%的平均准确率。

5.2　视觉注意机制相关工作

自然场景错综复杂,人的大脑不太可能在同一时刻对所有的视觉细节都有感知。神经生物学和认知科学的研究表明[5],人的视觉神经每秒接收到的信息量是$10^8 \sim 10^9$ bit。而人的有意识的思维每秒能处理的信息量仅有40 bit。一方面,人的大脑要对元数据进行高度的抽象和压缩。另一方面,人们并不会关注到视野中的每一个角落。这个视觉机制称为选择性注意机制。

视觉注意机制分为自底向上和自顶向下两类。自底向上的注意机制建模的是人眼在自由观察图像时的显著性模型[6]，其主要应用场景包括图像压缩、基于素描的搜索，以及基于认知科学的研究等。自顶向下的注意机制则是任务驱动的模型[7,8]，这是由于人对不同的任务会反映出不同的视觉敏感性。传统的基于视觉注意机制的模型通常利用眼动仪或者类似装置收集实验者在目标图像上的观测点，从而生成一张显著图，用于监督显著性模型的学习。然而，由于眼动仪设备昂贵、数据收集过程复杂、观测点噪声过多等问题的存在，基于观测点的显著性建模方法不适合推广到大规模的实际应用中。

自顶向下的显著性辅助模型目前已经在诸多基于深度学习的计算机视觉任务中起到关键作用。不同于基于观测点的显著性建模方法，显著性辅助模型在深度学习模型中的应用原理是将显著图作为隐变量，在模型中由具有指导性语义的目标函数引导端到端的学习。学习到的显著图根据图像不同位置对任务的重要程度赋予不同的权重，从而使得视觉目标比不重要的干扰信号更加突出。例如，Mnih 等[9]采用一种“硬”显著性模型为数字识别定位关键区域。不过，其网络是不可微分的，因此训练比较困难。并且，其模型比较简单，因此，仅在一些实验性的数据集上(例如 MNIST 和 SVHN)进行了尝试，并没有应用在与实际场景更接近的数据集中。Gregor 等[10]采用了一种可变分的显著性模型用于图像生成。Xu 等[11]通过在特征图上对不同位置的特征向量加权，聚合成更有语义的特征向量用于生成图像的文本描述。Sharma 等[12]将显著性模型扩展到时间序列，用于动作识别。

5.3 模型结构

模型的主要框架如图 5-2 所示，主要包含两个模块，一个基于显著性的物体特征表示模块(红色虚线框)和一个物体定位模块。模型的输入为一幅图像和一系列候选物体区域。模型主要包含一个基于显著性的物体特征表示模块和一个物体定位模块。在物体特征表示模块中，用一个全卷积网络提取图像的特征图 F，并用一个显著性模块提取具有物体定位能力的显著图 A。对于每块候选物体区域，通过显著性池化将显著图 A 与特征图 F 聚合，形成区域级的特征表示。接下来，物体定位模块将每一个区域特征映射为一个类别置信矢量。物体定位模块可以采用任何基于候选区域挖掘的模型。本章中，采用了两种不同的定位模型，分别是 Bilen 提出的弱监督深度检测网络(WSDDN)[13]和本书第 4 章中提出的多示例在线学习模型(OMIL)。接下来，主要对基于显著性的深度特征表示模型进行介绍。

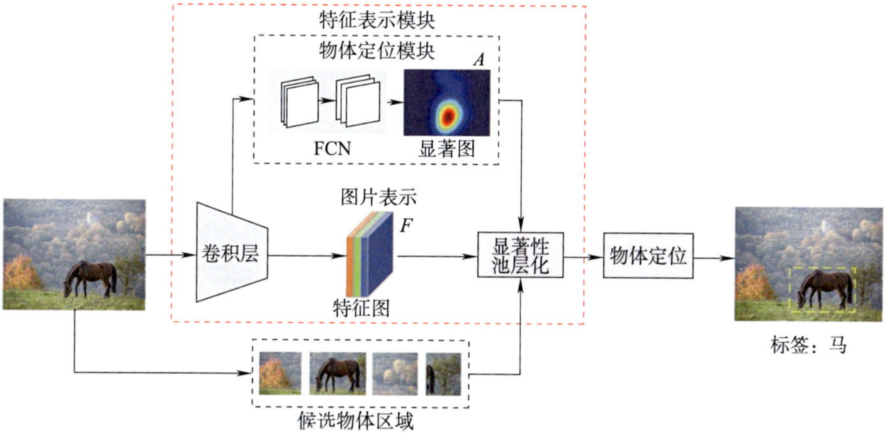

图 5-2　模型的主要框架

5.3.1　物体的显著性模型

模型首先以图像 I 作为输入，通过一个全卷积网络形成图像的特征图 F。具体来说，采用了 AlexNet[14] 的五层卷积层（Conv1-Conv5）。特征图 F 是一个 $W\times H\times D$ 维的特征向量，其中 D 是特征图的通道数，$W\times H$ 代表特征图的空间分辨率。F 的每一个空间位置都代表了 I 中的一块特定区域，因此 F 保存了重要的空间信息。由于卷积网络中池化层和卷积层步长起到了下采样的作用，最终 F 的空间分辨率相比于原图 I 的分辨率下降了 16 倍。

显著图生成模块也是一个全卷积网络。网络以图像的特征图 F 作为输入，预测单个显著图 A。A 中物体出现的位置具有较大权重，而其他位置权重较小。在图 5-2 的例子中，只有出现“马”的位置显著性较大。具体来说，这个网络包含三个卷积层（结构如图 5-3 所示）。前两个卷积层（Conv6 和 Conv7）由主干网络（AlexNet）的全连接层（FC6 和 FC7）转换而来。为了使显著图保留较大的空间分辨率，将原始 AlexNet 的池化层 Pool5 层移除，并对 Conv6 采用稀释算法（atrous algorithm）[15] 以弥补感受野的损失。稀释过程中，对卷积层的相邻连接之间补零，使得卷积核的感受野范围加倍。这一过程如图 5-4 所示，原始卷积操作的卷积核为 3，步长为 1。稀释后连接的权值保持不变，卷积核的范围为 6，感受野的范围提高了一倍。最后，用一个额外的卷积层（Conv8）将特征图的维数降为 1。所有的卷积操作都适当地对边缘进行复制以保证 A 与 F 具有相同的分辨率。最后，接入一个 Sigmoid 层将每个位置的输出归一化到[0,1]的范围内。

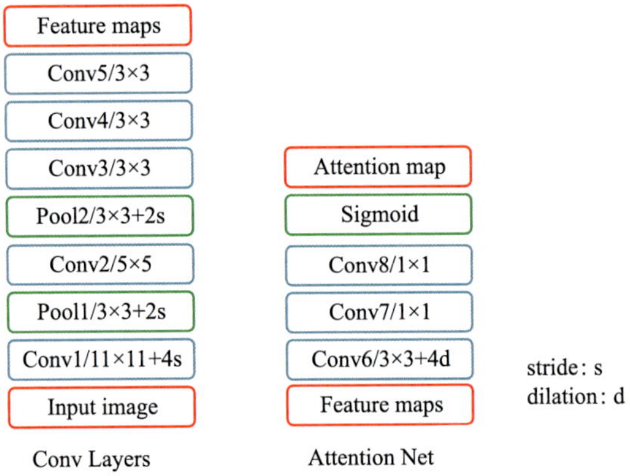

图 5-3　显著性模型的网络结构细节

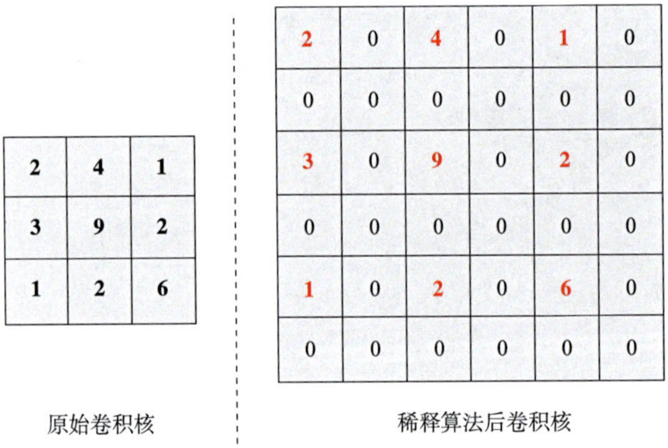

图 5-4　稀释算法前后二维卷积核的参数变化情况

5.3.2　显著性池化

给定图像的特征图 F、显著图 A 和某一候选物体区域 b_i，显著性池化的作用是将 F 与 A 聚合，并提取 b_i 空间范围内的特征作为目标区域的显著性特征图。由于不同的候选物体区域尺寸不同，相应的显著性特征图的尺寸也不同。为了处理这一变化，显著性池化将特征图进行空间归一化，形成一个固定尺寸的特征图，如图 5-5 所示。具体来说，把每一个候选区域等间隔地划分为 $k \times k$ 个子区间。假设 b_i 投影在 F 上的空间大小为 $w \times h$，则每一个子空间能够覆盖的空间大小为 $\frac{w}{k} \times \frac{h}{k}$。对于第 (i,j) 个子空间 $(0 \leqslant i,j \leqslant k-1)$，显著性池化的数学定义为

$$r_c(i,j) = \max_{(x,y) \in \text{bin}(i,j)} \{a(x,y) \cdot f_c(x,y)\} \tag{5-1}$$

式中,$r_c(i,j)$为第(i,j)个子空间在第 c 维特征图上池化后的响应;$a(x,y)$为 A 在第(x,y)个位置上的取值;$f_c(x,y)$为 F 的第 c 维特征图在第(x,y)个位置上的响应。第(i,j)个子空间在 A 和 F 的空间覆盖范围是$[\text{floor}(i \cdot h/k) \leqslant x < \text{ceil}((i+1) \cdot h/k)]$和$[\text{floor}(i \cdot w/k) \leqslant y < \text{ceil}((i+1) \cdot w/k)]$。池化后输出的特征图的维度为 $k \times k \times D$。从式 5-1 中可以看出,当 A 的权值较低时(通常对应背景区域),池化后的响应也会降低。这样,前景区域和背景区域相比,在特征空间中的可区分性更高。因此,显著性池化比 ROI 池化更具有区分性。

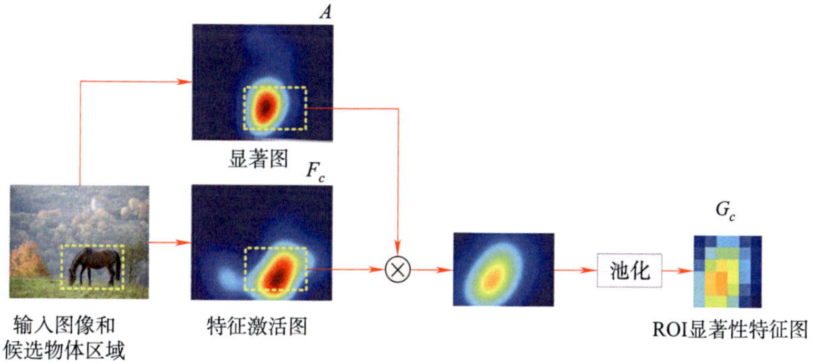

图 5-5 显著性池化的可视化流图

将池化后的显著性特征图记为 G。同式(4-7),为了对每个候选物体区域生成具有更高语义的特征表示,接入两个全连接层(FC6 和 FC7),使模型输出固定长度的特征向量 $\boldsymbol{\phi}_i$。

5.4 实验结果与分析

本节将模型在 VOC 2007、VOC 2010 和 VOC 2012 数据集上进行实验。同第 4 章所述,本书依然仅将图像级的标注用于模型训练。

5.4.1 实现细节

本书借助 Caffe 工具包[16]实现整个模型,并采用选择性搜索(selective search)[17]提取每幅图像的候选物体集,并采用 AlexNet 作为主干网络。主干网络借助 ILSVRC 2012 分类任务进行预训练,以初始化网络的卷积层(Conv1 ~ Conv7)和两个全连接层(FC6、FC7)。卷积层 Conv6 和 Conv7 是由 FC6 和 FC7 进行全卷积转化[18]而来的。如 5.3.1 节介绍,Conv6 采用了稀释算法以增加感受野范围。除此之外,在设计 Conv6 和 Conv7 时,参数也进行了适当下采样:Conv6 的卷积核大小由原来的 6×6 下采样到 3×3,并且 Conv6 和 Conv7 的滤波器个数从 4 096 下采样为 1 024。下采样减少了模型的复杂度,节约了模型训练和测试的时间,同时也节省了模型训练对显存的需求[19]。网络的其他层则采用随机初始化。

在物体定位模块的选择上,采用了两种网络,分别是 Bilen 提出的弱监督深度检测网络(WSDDN)和本书第 4 章中提出的多示例在线学习模型(OMIL)。其中,在没有特殊说明的情况下,使用 WSDDN 作为基准算法。

5.4.2 模型分析

为了更好地理解本书的模型,本节进行了一些控制实验,分别研究模型的不同部分对标签检索和物体检测的影响。所有的实验是在 PASCAL VOC 2007 数据集上进行的,实验结果汇总于表 5-1。

表 5-1 模型的不同部分对物体检索与定位性能的影响

模 型	(a)	(b)	(c)	(d)	(e)	(f)	(g)	(h)
样本增强		√			√	√	√	√
显著性模型			√	√	√	√		√
稀释算法				√		√		√
OMIL							√	√
物体检测 mAP	28.0	30.5	30.3	30.6	31.9	32.9	37.3	38.4
标签检索 mAP	80.8	82.3	81.0	81.3	83.2	83.5	83.6	84.2

通过表 5-1 的观察,可以看出:

(1)样本增强很重要。对于弱监督学习下的标签检索与物体定位模型,当训练样本的数量增加时,模型的准确率应该相应提高。在此实验中,通过对训练图像做多尺度归一化和随机水平翻转实现样本增强。从表 5-1 中看出,在使用 WSDDN 定位网络和显著性模型的条件下,训练样本增强使物体检测的准确率从(d)的 30.6% 提高到(f)的 32.9%,使标签检索的准确率从 81.3% 到 83.6%。

(2)显著性模型十分有效。显著性模型在多种不同的实验设置下都一致地提高了物体检测和标签检索的性能。对比(a)与(d),在不进行样本增强的情况下,显著性模型提高了物体检测的准确率 2.6%,提高了标签检索的准确率 0.5%。对比(b)与(f),在进行样本增强的条件下,显著性模型提高了 2.4% 的检测准确率和 1.3% 的检索准确率。对比(g)和(h),在使用多示例在线学习模型(OMIL)的条件下,显著性模型提高了 1.1% 的检测准确率和 0.6% 的检索准确率。

(3)稀释算法又好又快。对比(e)和(f),如果不对 Conv6 使用稀释算法且不对 Conv6 和 Conv7 做参数下采样,检测性能将会下降 1% 且检索性能会下降 0.3%。从速度角度上说,物体检测和标签检索的速度相比变慢 52%。

5.4.3　与其他方法的性能对比

1. 物体检测任务

本节将物体检测的结果与其他方法进行性能对比。被比较的方法中，包括了基于多示例学习的方法和其他基于深度学习的模型。由于训练物体检测器的样本不包含物体的准确位置（即候选框），为了保证比较的公平性，本节只和弱监督训练条件下的算法进行性能比较。

表 5-2 比较了不同算法之间的物体定位准确性和检测准确性。在 PASCAL VOC 2007 数据集上，本书的模型不同程度地提高了 2.8%～14.2% 的定位准确率（CorLoc）和 2.1%～13.8% 的平均准确率（mAP）。在 PASCAL VOC 2010 和 VOC 2012 数据集上，该算法也高出了 WSDDN 基准和 OMIL 基准。

表 5-2　本书的模型与其他模型在 PASCAL VOC 物体检测任务上的性能比较[20-28]

模　型	VOC 2007		VOC 2010	VOC 2012
	CorLoc	mAP	mAP	mAP
Song et al.	—	24.6	—	—
Oquab et al.	—	—	—	11.7
Bilen et al.	43.7	27.7	—	—
Cinbis et al.	52.0	30.2	27.4	—
Wang et al.	48.5	31.6	—	—
Ren et al.	43.9	25.4	—	23.8
Bilen et al.	54.2	34.5	—	—
Li et al.	49.8	31.0	—	22.4
Kantorov et al.	55.1	36.3	—	—
Bency et al.	46.8	25.7	—	26.5
WSDDN	52.2	30.5	29.8	30.4
WSDDN + 显著性	54.2	32.9	31.0	31.3
OMIL	57.3	37.3	36.0	33.6
OMIL + 显著性	57.9	38.4	36.9	34.4

在 PASCAL VOC 2007 数据集上，以 OMIL 的定位模型作为基准，比较增加显著性模型前后逐类别的性能变化。在某些特殊的物体标签上，此方法明显优于没有显著性模型的基准算法。例如，船（+7.6%）、猫（+2.5%）、狗（+11.8%）、桌子（+4.0%）、沙发（+18.4%）等。这些类别的重要共性在于，其他的都是高度形变的物体（如猫和狗），或都具有不规则的形状（如桌子和沙发）。这些共性导致物体无法被矩形框紧密地包含。显著性模型在这些类别上的性能提高验证了模型能够有效地优化基于区域的物体特征表示。

2. 图像标注任务

本节在图像标注任务上与其他模型进行了对比，并将结果展示在表 5-3 中。本书的模型在 20 类标签上达到了 84.2% 的平均检索准确率，在相同的主干网络下高于其他所有的对比模型。在以 WSDDN 和 OMIL 定位模型作为基准的条件下，显著性模型分别提高了标签检索性能 1.3% 和 0.8%。这是由于显著性模型能够减少前背景的模糊性，从而提高图像标注和标签检索的准确率。

表 5-3　本书的模型与其他模型在 VOC 2007 标签检索任务上的性能比较[29-32]

模　型	mAP
Overfeat	73.9
Oquab et al.	77.7
Song et al.	70.5
SPP	82.4
HCP	82.7
WSDDN	82.3
WSDDN + 显著性	83.5
OMIL	83.6
OMIL + 显著性	84.2

5.4.4　可视化分析

1. 可视化显著图

图 5-6 对训练后的显著性模型进行了可视化分析，图中，红色的区域代表激活程度越大。理想情况下，显著图应该在物体最有区分性的区域取得较强响应。从图 5-6 的例子中可以发现，对猫、狗等动物来说，响应最强的区域在头部和身体部分。类似地，在自行车上，显著性较强的区域在轮子和扶手部分。这些结果与人的先验知识基本一致。因此，显著性模型的学习是有意义的。

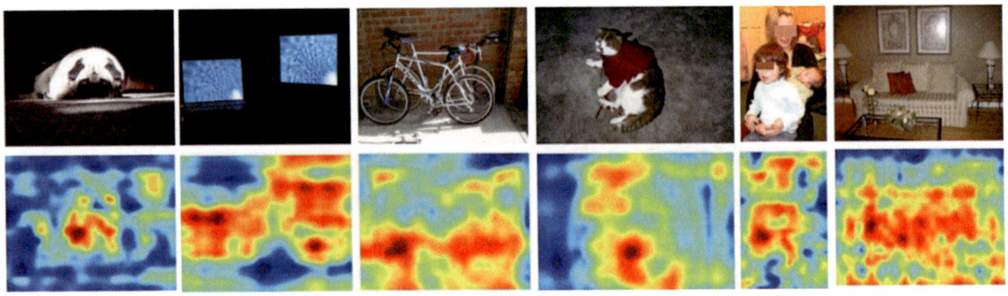

图 5-6　显著图的可视化结果

2. 可视化物体检测结果

图 5-7 可视化了一些 PASCAL VOC 2007 测试集下的物体检测的结果，图中，绿色的框代表了正确的检测结果，而红色的框代表了错误的检测结果。对每个不同的类别，预测得分最大的候选框在图中被展示。可以发现，在物体处于复杂背景或者较大的干扰下，本书的模型依然能够定位相应的位置。即使是一些较小的物体也能够被准确地定位。然而，一些错误的情况依然存在。一类现象是矩形框定位不准确。候选框有时只定位到目标物体的某个部分，例如，在检测行人时，矩形框经常只定位到人的上半身，因此物体检测器在行人类别上的准确率较低。尽管所提的模型可以过滤背景噪声的干扰，避免矩形框的定位范围过大。然而，对于物体部分定位的缺点，显著性模型不能起到帮助作用。这将是未来研究的方向之一。另一类现象是一些视觉相似的类别会混淆，例如，窗户和显示器有时会被误判，桌子和椅子有时也会误判。因此相信，当有更多的训练样本并采用更深的基准网络后，这些错误会得到改善。

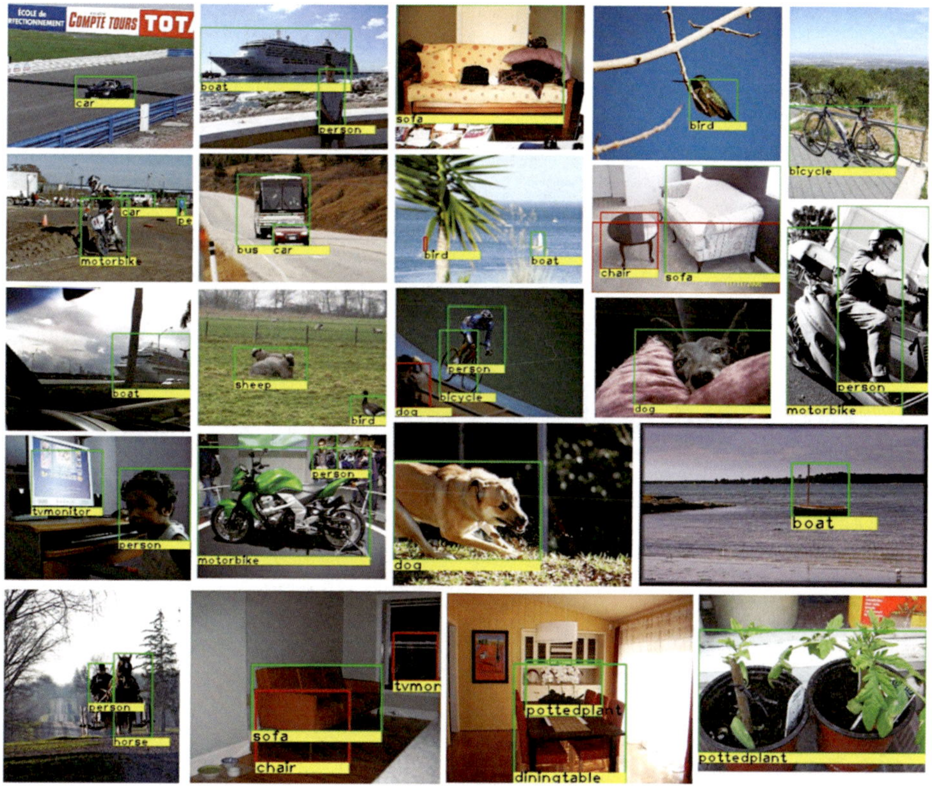

图 5-7　VOC 2007 测试集的检测结果示例

3. 可视化标签检索结果

图 5-8 可视化了 PASCAL VOC 2007 测试集下标签检索的结果。还展示了六组标签的结果。对于每个标签，置信度得分最高的前六幅图像按序给出。从可视化的结果可以看出，本书的模型具有较高的检索准确率。

图 5-8　VOC 2007 测试集上标签检索的结果

小　　结

本章提出了一种基于显著性的深度特征表示模型，以解决弱监督信号下图像标注和物体检测问题中的前背景模糊性。该模型将物体的特征表示分解为显著性定位和特征提取两个不同的部分。其中显著性定位部分负责提取与图像和物体语义最一致的视觉区域,特征提取部分则提取位置无关的图像视觉特征。模型的两个部分通过组合和相互作用,使得背景区域的特征响应被整体抑制,而前景最重要的视觉区域的响应相对得到增强。这样的特征表示模型使得前景区域和背景区域的类内差异性都变小,类间差异性变大,从而在特征空间中更有可分性。这一特征模型可以很方便地融合到当前弱监督物体检测和图像标注的框架中。通过对模型学习的显著图进行可视化,验证了显著性模型的可靠性。在 PASCAL VOC 2007 和 VOC 2012 数据集的实验结果表明,本书的方法有效地提高了图像标注和物体检测的准确性。

参考文献

[1] TREUE S, MARTINEZ TRUJILLO J C. Feature-based attention influences motion processing gain in macaque visual cortex. [J]. Nature, 1999, 399(6736): 575-579.

[2] BROADBENT D E. Perception and communication[M]. Oxford: Pergamon Press, 1966.

[3] WALBER T, SCHERP A, STAAB S. Can you see it? two novel eye-tracking-based measures for assigning tags to image regions[C]. Multimedia Modeling. 2013: 36-46.

[4] BA J, MNIH V, KAVUKCUOGLU K. Multiple object recognition with visual attention[C]. International Conference on Learning Representations. 2015: 1-10.

[5] PASHLER H. The psycology of attention[M]. Cambridge: MIT Press, 1997.

[6] BORJI A, ITTI L. CAT2000: a large scale fixation dataset for boosting saliency research[C]. IEEE Conference on Computer Vision and Pattern Recognition, 2015.

[7] GILANI S O, SUBRAMANIAN R, YAN Y, et al. PET: an eye-tracking dataset for animal-centric pascal object classes[C]. International Conference on Multimedia and Expo, 2015.

[8] PAPADOPOULOS D P, CLARKE A D F, KELLER F, et al. Training object class detectors from eye tracking data[C]. European Conference on Computer Vision, 2014: 1-16.

[9] MNIH V, HEESS N, GRAVES A, et al. Recurrent models of visual attention[C]. Advances in Neural Information Processing Systems, 2014: 2204-2212.

[10] GREGOR K, DANIHELKA I, GRAVES A, et al. DRAW: a recurrent neural network for image generation[C]. International Conference on Machine Learning, 2015: 1462-1471.

[11] XU K, BA J, KIROS R, et al. Show, attend and tell: neural image caption generation with visual attention[C]. International Conference on Machine learning, 2015.

[12] SHARMA S, KIROS R, SALAKHUTDINOV R. Action recognition using visual attention[C]. International Conference on Learning Representations. 2016: 1-11.

[13] BILEN H, VEDALDI A. Weakly supervised deep detection networks[C]. IEEE Conference on Computer Vision and Pattern Recognition, 2016.

[14] KRIZHEVSKY A, HINTON G E. ImageNet classification with deep convolutional neural networks [C]. Neural Information Processing Systems, 2012: 1-9.

[15] CHEN L-C, PAPANDREOU G, KOKKINOS I, et al. Semantic image segmentation with deep convolutional nets and fully connected CRFs[C]. International Conference on Learning Representations, 2015: 1-14.

[16] JIA Y, SHELHAMER E, DONAHUE J, et al. Caffe: convolutional architecture for fast feature embedding[C]. ACM International Conference on Multimedia, 2014: 675-678.

[17] UIJLINGS J R R, SANDE K E A, GEVERS T, et al. Selective search for object recognition[J]. International Journal of Computer Vision, 2013, 104(2): 154-171.

[18] LONG J, SHELHAMER E. Fully convolutional networks for semantic segmentation[C]. IEEE Conference on Computer Vision and Pattern Recognition, 2015.

[19] LIU W, ANGUELOV D, ERHAN D, et al. SSD: single shot multiBox detector[C]. European Conference on Computer Vision, 2016.

[20] SIVA P, RUSSELL C, XIANG T. In defence of negative mining for annotating weakly labelled data[C]. European Conference on Computer Vision, 2012: 594-608.

[21] OQUAB M, BOTTOU L, LAPTEV I, et al. Is object localization for free? -weakly-supervised learning with convolutional neural networks[C]. IEEE Conference on Computer Vision and Pattern Recognition, 2015: 685-694.

[22] BILEN H, PEDERSOLI M, TUYTELAARS T. Weakly supervised object detection with convex clustering[C]. IEEE Conference on Computer Vision and Pattern Recognition, 2015: 1081-1089.

[23] CINBIS R G, VERBEEK J, SCHMID C. Weakly supervised object localization with multi-fold multiple instance learning[J]. IEEE Transactions on Pattern Analysis and Machine Intelligence, 2017, 39(1): 189-203.

[24] WANG C, HUANG K, REN W, et al. Large-scale weakly supervised object localization via latent category learning[J]. IEEE Transactions on Image Processing, 2015, 24(4): 1371-1385.

[25] REN W, MEMBER S, HUANG K, et al. Weakly supervised large scale object localization with multiple instance learning and bag splitting[J]. IEEE Transactions on Pattern Analysis and Machine Intelligence, 2016, 38(2): 405-416.

[26] LI D, HUANG J, LI Y, et al. Weakly supervised object localization with progressive domain adaptation[C]. IEEE Conference on Computer Vision and Pattern Recognition, 2016.

[27] KANTOROV V, OQUAB M, CHO M, et al. ContextLocNet: context-aware deep network models for weakly supervised localization[C]. European Conference on Computer Vision, 2016: 9-13.

[28] BENCY A J, KWON H, LEE H, et al. Weakly supervised localization using deep feature maps [C]. European Conference on Computer Vision, 2016.

[29] OQUAB M, BOTTOU L, LAPTEV I, et al. Learning and transferring mid-level image representations using convolutional neural networks[C]. IEEE Conference on Computer Vision and Pattern Recognition, 2014: 1717-1724.

[30] CHEN Q, SONG Z, DONG J, et al. Contextualizing object detection and classification[J]. IEEE Transactions on Pattern Analysis and Machine Intelligence, 2015, 37(1): 13-27.

[31] HE K, ZHANG X, REN S, et al. Spatial pyramid pooling in deep convolutional networks for

visual recognition[C]. European Conference on Computer Vision, 2014.
[32] WEI Y, XIA W, LIN M, et al. HCP: A flexible CNN framework for multi-label image classification [J]. IEEE Transactions on Pattern Analysis and Machine Intelligence, 2016, 38(9): 1901-1907.

第6章 人工智能时代的信息检索技术展望

6.1 物体检索与定位技术总结

本书的研究工作围绕着物体检索与定位展开。针对视觉图像内容理解困难、关联复杂等特点，以视觉词袋模型和深度卷积网络模型为基础，从模型表示、模型学习和关联匹配几个方面进行扩展和完善。具体的研究工作包括：

（1）总结了一种基于视觉词组的示例检索框架。首先，在该框架下，优化了视觉词组的定义方式，从而最大可能地提高视觉词组的区分性。其次，分析了一类容易被忽视的现象，即视觉词组的突爆匹配。接着，基于概率模型，提出了一种新颖的贝叶斯池化模型用于消除突爆匹配的视觉词组，从而优化图像之间的相似性。最后，在多个大规模数据集上验证了所提方法的有效性。

（2）在基于深度卷积网络的示例检索模型方面，本书指出了分类网络预训练的模型特征不能建模物体的类内差异性，并且不能解决非对称相似性度量。基于这些发现，提出了一种位置对齐的对称搜索框架，同时提出了一种基于排序网络的深度模型结构，用于建模物体的类内和类间差异性。为了训练这一排序网络，提出了一种半监督的训练样本收集策略。该策略不需要将查询物体作为先验知识，并且极大地减少了人工收集训练样本的复杂度。实验结果表明，这一方法是单网络模型中性能最好的。

（3）分析了图像特征表示存在的前背景模糊性问题，并从特征学习的角度，提出了一种多示例在线学习模型解决这一问题。首先，该模型改进了训练样本的选择和更新策略，从而提高前背景的区分性。另外，设计了一个端到端的模型同时实现训练样本的选择和物体检测器的训练。最后，通过对示例标注和图像标注进行关联,从而进行两个任务的联合学习。通过 PASCAL VOC 2007 和 VOC 2012 数据集进行实验。实验结果表明候选区域选择有效地提高了标签检索和物体检测的准确率。

(4)针对图像特征表示存在的前背景模糊性问题,本书从特征表示的角度出发,提出了一种基于显著性的深度特征模型,改善基于矩形框的物体特征表示。显著性模型使得矩形框内背景区域的特征响应被整体抑制,而前景最重要的视觉区域的响应相对得到增强。这样的特征表示模型减少了前背景的模糊性。这一特征模型可以很好地融合到当前最好的弱监督物体检测和标签检索的框架中,并且整个模型可以有效地进行端到端的训练。进而对模型学习的显著图进行可视化,并在 PASCAL VOC 2007 和 VOC 2012 数据集上进行实验,验证了显著性模型的可靠性。

6.2　物体检索与定位研究展望

本书的研究内容还十分有限。根据目前的研究进展,以下方面还可以进一步展开研究:

1. 基于深度学习的物体关键点检测模型

在基于示例的物体检索任务中,基于特征点的模型相比于基于深度特征的模型各有优势。例如,在建筑、场景等图像纹理信息丰富的查询目标上,基于特征点的搜索模型性能略高,而在雕塑以及小目标上,基于深度特征的模型更有优势。因此将这一原因归结于关键特征点的选择上。在基于特征点的模型中,关键点通常选择在特定邻域数值稳定的位置。而基于深度特征的模型则对图像进行密集采样。当目标纹理丰富时,特征点落在图像有区分性的区域,检索性能提高。当缺少纹理时,特征点落在图像的噪声区域,则检索性能降低。因此,能够提取图像或物体最有区分性和最稳定的特征点是提高示例检索性能的关键因素。因此认为,基于深度学习的特征点提取算法,将是下一个值得研究的课题。

2. 多标签结构化关联模型

在基于标签的物体检索与定位任务中,标签具有层次性。卷积神经网络层次化的模型结构和标签层次化的语义结构都描述了一种由粗到精的建模过程。研究两者之间层次结构之间的关联对于建模具有语义一致性的特征表示将会有十分重要的作用。与此同时,物体示例在空间位置上的关联和约束造成了多标签间的关联性。虽然已有部分文献对标签之间的关联展开研究,但多停留在图像层面,而未深入到示例层面。通过建立示例之间的结构性关联,有助于提高图像标注和物体定位的性能。与此同时,如何设计有效的优化算法使得结构化目标能够与卷积神经网络联合学习,也是需要考虑的问题。

3. 混合监督信号下的物体定位模型

弱监督信号下的物体定位技术虽然能够克服标注信息不够丰富的问题,然而,在物体定位的性能上距离强监督信号下物体检测的准确率还有一定差距。放眼实际应用场景,有的图像具有示例级的标注,而有的信号只有图像级的标注。如何最大限度地利用混合监督信号下的图像数据,使得具有图像级标注的数据能够辅助具有示例级标注的数据,共同训练更好的物体定位算法,将是另一个值得研究的课题。